ポピュリズムと「民意」の政治学

3・11以後の民主主義

木下ちがや

大月書店

ポピュリズムと「民意」の政治学　目次

Ⅱ

カバー・本文写真　島崎ろでぃー

序論　変わりゆく社会と新しい政治

はじめに

本書を手に取る方の多くは、二〇一一年三月一一日の東日本大震災と、それに続く原発事故の影響を、どこかで受けてきたことだろう。

あのとき、とりわけ東日本地域に住む人にとっては、地震、津波、原発事故、余震と計画停電など、立て続けに起こるアクシデントを受けとめるので精いっぱいだった。被災地や首都圏からの避難が相次ぎ、食料や水の放射能汚染への不安をめぐって職場や地域、家庭で議論や対立が起きた。しかし、そうした未体験かつ苦難の状況の中で、人びとは西へと避難し、東へと救援に向かい、そしてある者は各々の場で、原発に反対するデモや集会に参加していった。「わたしたち」は3・11を切実な危機あるいは機会と受けとめ、この国の政治と社会に生まれた真空地帯にまるで吸い込まれるように、日常的な関係を脱して公的政治空間に足を踏み入れたのである。

3・11を契機に公的政治空間に足を踏み入れた人、またそれに関心を寄せた人びとは、数百万人にのぼっただろう。その人びとの心のうちには、震災体験は「異なる共通の体験」として刻み込まれた。ボランティアやデモ、集会の場で、これまでにない出会いがあり、「あの震災のとき自分はどうしていたか、そしてどうしていったか」という会話が、さまざまな場でごく当たり前のように交わされてきた。しかもこうした経験は、「震災と原発」という問題の枠組みを超えて広がることになった。

もちろん、3・11以後のわたしたちの経験はそれぞれ個人的なものであり、公的政治空間においてそれらは「原発反対」といった「ひとつの声」へと束ねられてしまう。ただ、そうした個人的な経験をひとつに束ね上げ、豊かなものにする上で欠かせないものを取り戻すことを、わたしたちは成し遂げもした。日本の政治と社会を一変させた高度経済成長以前の、もはや朽ち果てかけていた過去の集合的記憶をよみがえらせ、それにいまの実感につながるいきいきとした息吹を与えたのである。二〇一二年六月二九日、原発再稼働に反対する「金曜官邸前抗議」の参加者は約二〇万人に達し、ついに官邸前の路上を人びとが埋めた。そのとき、子ども連れの若い女性二人がこういう会話をしていた。

「これって六〇年安保闘争以来の歴史的なことみたいよ」

「そうらしいね」

「わたしたちも何十年か経って、あのとき歴史的なデモに参加したと自分の子どもたちに言うときが来るのかな」

この匿名の、記録にも残らない会話は、あの抗議の場に頭数として参加したわたしたちが、「原発に反対する」という目前の課題に声をあげながら、過去の「出来事」に自らを重ね合わせようとしたことをよくあらわしている。わたしたちが意識的・無意識的に、未体験の公的集合空間の中で過去を追い求めようとするのは、こうした過去とつながることが、現在の支配的秩序を相対化し、新しく得られた経験と感覚の束を公的政治空間の中でしっかりと根づかせ、それを未来に送り届けるために欠かせないからだ。反原発運動の「器」から生まれた大衆的な反レイシズム運動が、関東大震災における朝鮮人虐殺の記憶を意識的に呼び起こし、安保法案に反対した「学生たちの社会運動」が元特攻隊員の手記に強く共感したのも、過去と未来を有機的につなげることが集合的なアイデンティティを確立する上で必要だったからである。

反原発運動、反安保法制運動をはじめとした「3・11以後の社会運動」は、既成の公的政治空間から遠ざかっていた人びとを舞台に押し上げるとともに、「現在」の公的政治空間における闘争のイニシアティブを握ることで、過去と未来を節合し、新たな「民意」をつくりあげるための陣地をつくりあげようとしている。

本書の課題は、これら「3・11以後」の社会運動を、「歴史的過去」を継承し、新たな政治的陣地の構築に挑むポピュリズム運動の一類型とみなすことで、「小泉構造改革」を経て本格化した政治と社会の構造的変動状況における、社会運動の政治的意義を探り当てることにある。それを論じるに先立ち、まずは本書でキーワードとして使う「ポピュリズム」という概念について、筆者なりの捉え方を示す必要があるだろう。

一　ポピュリズム――政治参加を促す集合的意思

第9章でも論じるように、ポピュリズムという政治概念は古くからある。それが現在、世界的な政治現象を読み解く上でもっとも重要な概念として普及したのは、従来のポピュリズムの定義にあてはまる政治現象が出現したからではなく、既成の政治の枠組みから逸脱しているとされる、さまざまな政治現象をひとまとめにして捉える必要性からである。つまり、この間生じてきたさまざまな新しい政治潮流を一括して理解するためのキーワードとして、ポピュリズム概念は使われているように思われるのだ。

したがって現在、ポピュリズムという概念は、新しい政治潮流の中でもっとも際立った政治集団や政治家の政治手法をあらわすものとして使われがちだ。際立つものとはつまり、アメリカ合衆国におけるトランプ大統領やフランスにおける国民戦線のマリーヌ・ルペンたちの政治手法であり、「見捨てられた人びと」の声を代弁し、エリートと移民を一緒くたに批判するデマゴーグ政治家を指す言葉として、である。

大衆を煽動し、排外主義的な国民主義に走るトランプやルペンのポピュリズムは、なるほどファシズム前夜の様相を呈している先進国において、民主主義の危機を示すものにほかならない。しかしながら、このように現在のポピュリズムをトランプやルペンだけに代表させてしまうと、いささか厄介なことになる。政治学者の水島治郎は、これまで使われてきたポピュリズムの定義を、大まかに二つに分けて提示している。第一の定義は、固定的な支持基盤を超え、幅広く国民に直接訴える政治スタイル、第二の定義は、「人民」の立場から既成政治やエリートを批判する政治運動、である。そして「ポピュリズムとは、政治変革を目指す勢力が、既成の権力構造やエリート層（および社会の支配的価値観）を批判し、『人民』に訴えてその主張の実現を目指す運動」だとする。[1] このような水島の定義にならうとすれば、「九九％」を代弁し「一％」のエリートと対決した二〇一一年ニューヨークの「オキュパイ・ウォールストリート」運動はポピュリズム運動であり、この運動の流れを受けて二〇一五年のアメリカ大統領予備選で大健闘した民主党のバーニー・サンダースはまさにポピュリストだということになる。また、「原子力ムラ」に対抗し、幅広く国民に訴えて脱原発をめざした日本の反原発運動は、まさにポピュリズム運動だということにもならないだろうか。

　では、トランプもルペンもオキュパイ運動もサンダースもみな「ポピュリズム」であり、したがって現代社会を蝕むファシズム的病理である、と片づけてよいものなのだろうか。ヤン＝ヴェルナー・ミュラーは、ナチズムとイタリアのファシズムはポピュリズム運動として理解する必要があるとし、左翼がポピュリズム的想像力に選択的に依拠しようとすることに警告を発している。[2] こうしたさまざまな政治現象が同一視されるのは、ポピュリズム運動と政治の核にある「人民《ピープル》」という集合概念が、リベラリズムにとって受け入れがたい要素であるとみなされているからである。「人民」「民衆」といった単一のアイデンティティのもとに大多数派を結集することは、社会の同質化をもたらし、多様性を破壊し、ひいては少数派の抑圧につながるという懸念がそこにはある。確かにトランプやルペンのポピュリズムは、移民を敵に設定し、国民アイデンティティを喚起するという排外主義的なものである。そこからイメージされる「人民」は、ナチスの規律ある集会に集い行進する数十万の党員たちであり、戦時動員された学徒たちを見送るために広場に集まりいっせいに日の丸を振る群衆だろう。ポピュリズムには、デマゴーグに煽動された群衆《モッブ》、あるいは権威主義に従順な盲目的大衆のイメージがつねにつきまとい、「自立した市民」が公的空間で熟議するというリベラリズムの理想的政治像の対極に設定される傾向がある。

だが、こうしたポピュリズムのイメージは、反目してきたイスラム教徒とコプト教徒（キリスト教の一宗派）がともに集うエジプト・タハリール広場のムバラク大統領打倒集会や、退役軍人からアナキストまでが集うニューヨーク・ズコッティ公園のオキュパイ集会にもあてはまるだろうか？　二〇一五年から一六年にかけてのアメリカ大統領選でいえば、白人一色に染められたトランプの集会と、さまざまな人種や民族が集ったサンダースの集会や、トランプの大統領就任に抗議しておこなわれたアメリカ史上最大のデモ「ウィメンズマーチ」を、同じファシズム的病理と片づけられるだろうか？さらには、国会前や首相官邸前の大規模な集会に対して「違和感」を表明し「全体主義的である」と指弾するリベラルな多様性に基づく主張と、辺野古基地建設反対で一致する「オール沖縄」に対して、菅官房長官が「沖縄にもさまざまな声がある」と多様性を唱えることに、どこか違いがあるだろうか？

このように、ポピュリズムという一般名詞で名指される政治と運動にはさまざまな種類がある。現代のポピュリズムは、既成の支持基盤を超え「人民」あるいは「民衆」の集合的意思を喚起することでは形式的に共通するものの、どのような支配的秩序に挑戦しているのか、どのような要求を掲げているのか、どのような方法をとろうとしているか、またどのような階層の「民衆」によって編成されているか、そしてどのような歴史的過去によって自己を正統化しているかによって、その内容は異なる。だから、ポピュリズムには「右も左もない」というよく言われる言説は、二〇一六年アメリカ大統領選挙でトランプとサンダースが、また二〇一七年フランス大統領選挙でルペンと左翼党のメランションがそうであったように、現実政治においては対立的な「左右のポピュリズム」が競合しているという事実を覆い隠してしまう。そして、ポピュリズムは「(右か左かではなく)上か下かの対立である」という、これもよく言われる言説は、支配者が群衆《モッブ》に襲撃されるという「ゾンビ化された世界」に現実政治を戯画化し、それを憂える支配層に警戒感を抱かせる役目を果たすにすぎない。

「歴史が終わり、左右の対立は消滅した」と言われたポスト冷戦期の四半世紀を経て、ついに迷妄な群衆が公的空間を侵食しはじめたという「恐れ」は、確かに従来の保守勢力と旧社会主義勢力の地盤に、煽動的極右勢力が進出することで現実化している。他方で、「抵抗の年」と呼ばれた二〇一一年以後、世界各地で大規模かつ民衆的な民主主義的政治運動が台頭した。これらの運動の中心的担い手は、高等教育を修めながらも志を挫かれた若者たちだった。各々の運動の要求は民主化や経済的公正とさまざまではあったが、そこには従属関係や貧困をなくすこととともに、知性と能力に溢れた人びとに力と自由を与えよという要求があった。これらの運動では、自発的に立ち上がった民衆の自由な交歓が、「広場の占拠」というかたちで可視化されたのである。またこれらの運動は、SNSをはじめとする最新のコミュニケーション技術を駆使し、新たな大衆的ネットワークの構築に挑戦するとともに、歴史的過去にうずもれていた民衆的闘争の経験を掘り起こし、現在の社会的・文化的条件にふさわしいかたちで再生させようとしている。そして、これらの運動がみな公共空間における大規模集会を志向し実現させてきたのは、多種多様な人びとを「人民の集合体」に結実させ、かつて左翼・リベラル勢力が領有していた公共空間における陣地を奪還するためなのである。

このように「ポピュリズム」という言葉には、民主主義の危機をあらわすものと民主主義の機会をあらわすものが一緒くたに含意されている。それはポピュリズム全般が同じ社会的・経済的・文化的条件から生じていることに起因している。ポピュリズム的政治空間の社会経済的土台は、とりわけ日本を含む先進国においては、第二次世界大戦後の高度経済成長期につくりあげられた社会経済的秩序の収縮と、労働のフレキシブル化、生産のアウトソーシングを基軸とした新たな階級分化とアンダークラスの形成、また、市場原理の席巻による個人主義の台頭、多元主義の社会への浸透がもたらした、安定的雇用・家族・コミュニティの崩壊である。現在のポピュリズムは、社会学者ジョック・ヤングがいう「後期近代」の政治現象であり、閉塞した時代遅れの政治システムを刷新しようとする運動である。それは硬直した古いシステムからの脱却の兆しであり、社会的・経済的条件の変化に対応する公的政治空間をつくりあげようとする実践にほかならないのである。したがって、いま必要なのはポピュリズム政治と運動の一般的形式の是非を問う規範的な論争ではなく、各々のポピュリズム政治と運動の内容を規定する歴史的・社会的条件が、政治過程にもたらす力学の分析である。このような視角から、本書では日本における「3・11以後の社会運動」をポピュリズムの一類型とみなし、それがどのような歴史的過去を継承し、どのように現在の日本政治の変革において役割を果たしているかを論じていく。

二　安倍政権――ポピュリズムへの恐れと「野党共闘」

「デモ（示威運動）」という外来用語が日本に入ってきたのは二〇世紀初頭といわれている。大正三年（一九一四年）には、夏目漱石がイギリスのデモについてこう紹介している。「彼らは不平があるとよく示威運動をやります。しかし政府はけっして干渉がましい事をしません。黙って放っておくのです。その代り示威運動をやる方でもちゃんと心得ていて、むやみに政府の迷惑になるような乱暴は働かないのです[3]」。明治期の自由民権運動を画期に、日本近代には数多くの集団的示威行動がおこなわれてきた。しかしながら、漱石が描くような「自由主義的」なデモは、アジア・太平洋戦争終結以前には存在しなかった。集会・結社の自由は権利として確立せず、集会・デモの許認可の裁量は一切が警察にあり、「違法行為」とみなされた場合には長期の投獄を覚悟しなければならなかったのである。大正デモクラシー期には運動を一定容認しようという動きもあったが、戦時体制確立の過程で社会運動は暗黒時代を迎えることになった。人民に広く訴えるために自由なデモや集会、ストライキの権利を必須の条件とするポピュリズム運動が成り立つには、国民主権と参政権、市民的自由という制度的条件がある程度整った、敗戦後の世界を待たなければならなかったのである。

そして敗戦から十余年を経た一九六〇年の日米安保条約反対闘争は、中国文学者の竹内好が「国民運動」と名づけたように、各々の階層・階級の差異を超えたナショナルな規模の共同意識をつくりあげた。ポピュリズムという用語が日本で普及したのは最近だが、ポピュリズム的な性格を有する運動と政治はこの時期に登場していたのである。この運動に積極的に参加した評論家の久野収は、大規模なデモや集会に参加した「大衆」について、それはひとつの積極的集団であり、群衆《モッブ》のような消極的集団とは違うとし、今日でいえばポピュリズムと定義されるだろう大衆像を提示している。

〝大衆〟とは、主として情緒ベクトルの共同、一定方向の愛憎とか、感動とか、ムードとかの共通をキズナとする集団だといわれる。だから、静力学的、安定的ではなく、動力学的、運動的なのだ。状況へのエモーショナルな緊張、とくに政治的状況へのエモーショナルな極度の緊張から生まれてくる。他の社会集団では、制度や組織を通じて、もっと持続的なキズナがつくられ、共通な情緒体験は附帯的に生じるのだが、集団としての〝大衆〟は、組織や制度を持たず、情緒体験の共同と方向をよりどころとしている。……しかし〝群衆〟とちがうのは、情緒が意識的ベクトルを持ち、デモや坐りこみとして表現可能である点だ。(4)

第8章でも論じるように、安保闘争は今日の「3・11以後の社会運動」とは異なり、職場、学園などにおける強力な組織的基盤の上に展開された大衆運動であった。だが一面においては、久野が述べるように「制度的、組織的枠組みを超えた、動学的、運動的な情動共同体の形成」という、ポピュリズム運動としての性格も強く有していた。一九五五年から始まる高度経済成長下での社会経済的大変動状況のもと、民主主義の危機に対して新たな民主主義的参加の回路を開くというポピュリズム政治のモデルは、戦後革新勢力の側から提示されていたのである。

だが、こうした運動的な「情緒共同体」が大規模なかたちで長続きすることはなかった。高度経済成長は社会を安定させた。男子正社員中心、終身雇用、年功序列制の労働モデルが普及し、革新的なポピュリズムを起動させてきた不満や要求は、企業中心の社会の中に吸収されていく。政治学者・渡辺治がいう「日本型企業社会」の成立である。一九六八年を前後して、ふたたび「デモの季節」が訪れた。しかしながら、その担い手は学生中心で他の階層への広がりを欠き、一時的な盛り上がりを経て急速に収束していくことになる。そして一九六八年は、日本のGNPがアメリカに次ぐ世界第二位に躍り出た年でもあった。七〇年代に入ると、ポピュリズム的な運動が内包していた祝祭性と政治性の乖離がすすんだ。それまでデモに威力を与えていた共同性の基盤である「労働者」「学生」といったカテゴリーは実質を失い、ストライキやデモは社会の風景から次第に消え去り、それと入れ替わるように消費文化が発達した。大衆消費文化は個人化と差異化を促しつつ、他方で脱政治的な社会的動員の回路を張りめぐらせていく。八〇年代のバブル経済のもと娯楽産業は大規模化し、投機的な大規模再開発は都市空間のサービス化を促し、仕切られた消費空間が肥大化することで、街頭での集団行動の余地は奪われた。このように人びとが「豊かな社会」に包摂されていくことで、革新的なポピュリズムは解体されたのである。

九〇年代に入り、これまでの日本の政治と社会の相対的安定をもたらしていた「既得権システム」が、グローバル化する資本主義の障害とみなされるようになることで、「新自由主義的改革」が本格的に始まることになった。この「既得権システム」の変革と破壊を掲げる政治勢力が登場することで、ポピュリズムは「新自由主義」と結びつくかたちで公的政治空間に再登場したのである。九三年の「政治改革」と政権交代は、「無党派層」という言葉が本格的に普及した時代の、新自由主義的ポピュリズムのはしりであった。だが、それが本格的に展開したのは二〇〇一年の小泉政権の登場によってである。「抵抗勢力」の打倒を正面から掲げた煽動的な「小泉ポピュリズム」は大衆の政治参加を促し、二〇〇五年の「郵政解散」では長期的に低落しつづけてきていた投票率を一気に六七%にまで引き上げた。かつて革新勢力による復古主義的政治への対抗から生まれたポピュリズムは、いまや保守政治が新自由主義的改革を遂行するための手段に変わったのである。

こうした新自由主義的ポピュリズムは、小泉政権が終わった後も橋下徹、小池百合子といったポピュリストらにより、全国的な保守政治と拮抗あるいは補完する、都市中産階級を軸にした政治統合の手法として地方政治の次元で引き継がれている。だが、こうした中産階級基軸の新自由主義的ポピュリズムとは異なるタイプのものが台頭する条件も生まれつつあった。

「失われた二〇年」と呼ばれるバブル崩壊以後の長期的な経済の停滞と政治・経済構造の新自由主義的改革は、「企業社会」のもとでの安定的な社会構造を掘り崩していった。雇用構造は流動化し「非正規雇用」形態の勤労者が大量に生み出され、二〇〇〇年代後半には「格差社会化」が当たり前のように言われるようになった。高等教育を受けながらも安定的な雇用が得られないという社会的地位のギャップが広がる一方、「非正規雇用」の勤労者は、正社員層に比べて時間や就業形態の上で「自由」でもあった。この「安定」と引き換えに「自由」を獲得した新たな社会階層が、公的政治空間に進出する社会的条件も生まれつつあった。

二〇〇八年の「リーマンショック」が引き起こした世界的な恐慌は、日本では反貧困運動を台頭させ、翌年の政権交代では投票率はおよそ七〇％にまで跳ね上がった。これまでとは異なるポピュリズム運動が台頭する条件は、この時期にすでに整いつつあった。「3・11」の危機はまさに、この条件を政治化していく契機となったのである。このような社会的・経済的条件に規定されることで、「3・11以後の社会運動」がある特定のかたちをとり、その条件を同じくする世界的な「二〇一一年以後の社会運動」と共通の性格を有することになったのである。

今日の安倍政権の独裁的な政治は、まさにこうしたポピュリズム運動と政治が台頭することへの「恐れ」につねに苛《さいな》まれている。第6章で論じるように、「選挙独裁」と言いうる手法がとられた二〇一四年の衆議院選挙は、戦後最低の投票率を記録した。強権的な官邸支配による議会の制圧、徹底したメディアへの抑圧、そして野党の分断工作により国民を公的政治空間から排除し、その不満が政治的に集合するのを妨げることで「形式的多数派」を握るという安倍政権の政治手法は、政治的次元では「強さ」が際立つが、社会的次元では、大衆的な動員がかなわない「弱さ」が際立っている。「3・11以後の社会運動」と、この運動の中から生まれた野党の共闘は、たんなる数合わせではなく、現在の社会的・経済的条件のもとで潜在している「民衆」の困難と要求を喚起し、「多数派」をふたたび政治空間に吸収し、大変動期にある東アジアの新秩序にふさわしい民主主義的政治を確立する歴史的な課題を与えられている。これらせめぎあう二つの政治のいずれがこの国の未来を制するのかは、3・11の複合震災からまだ六年余りしか経過していない現在では定かではない。

この一〇年の政治過程と、複合震災以後の六年余りの時間において、数多くの人びとが参与した

「進歩と反動」の格闘の力学を描き出すのが、本書の課題である。

注

（1）水島治郎『ポピュリズムとは何か』中公新書、二〇一七年、六―七頁。

（2）ヤン＝ヴェルナー・ミュラー『ポピュリズムとは何か』板橋拓己訳、岩波書店、二〇一七年、一一五、一二〇頁。

（3）夏目漱石「私の個人主義」一九一四年（『私の個人主義』講談社学術文庫、一九七八年所収）。

（4）佐高信編『久野収セレクション』岩波現代文庫、二〇一〇年、五四―五五頁。

I.

1章　民意の政治学
——小泉純一郎から安倍晋三へ——

「世論」はバラバラな個人の総和であり、無機的であり、数字である。「民意」は集合であり、有機的であり、物語である。仮にこのように捉えると、現在は「世論」の時代であり、「民意」は不在である。「民意」という言葉が無秩序、無規定に多用されることは、かえってその所在なさを露呈している。

一　「改憲」の新しい段階

二〇〇七年五月一八日、「日本国憲法の改正手続に関する法律」、通称「国民投票法」が公布された。同法成立後、自民党はただちに二〇一一年まで安倍政権が存続することを前提とした「改憲スケジュール」の策定作業に入った。戦後保守政治の悲願である日本国憲法の改正の道をひらく橋頭堡《きょうとうほ》が築かれた。これにより、憲法改正は新しい段階に入った。

だが、同法の制定によって、戦後保守政治はこれまでの舵取りを変更することを余儀なくされもした。というのも、これまでの保守政治は、国民が直接政治的意思決定にかかわることを一貫して避けてきたからである。

これまで憲法改正を求める勢力は、「現行日本国憲法はわが国が独立を失い、わが国民に自由意志なきとき作られ、すでにその制定手続きにおいてすら、真に憲法と呼ぶにふさわしくないものである」などと日本国憲法の制定手続きの不当性を問題にし、憲法改正を正当化する根拠に据えてきた(1)。しかしながら、憲法改正をすすめる上で不可欠な人民＝憲法制定権力者という把握に、保守政治は一貫して懐疑的であった。

かつて、もっとも憲法改正論が盛んだったのは一九五〇年代である。ところが、序論で述べた通り、「民意」を掲げる運動は日本国憲法下の諸価値を擁護する側から台頭し、保守政治の側はそれに対して復古主義的な手法の抑圧をかけることに専念した。六〇年安保闘争という未曽有の大衆運動の高揚は、保守政治の舵取りを、大衆民主主義を受容する方向へと向けさせた。しかしその後、高度成長のもと「国民運動」が解体過程に入ったなかでも、戦後保守政治の支配の形式は基本的に農協や商工会議所、日本青年会議所などの団体を通じた利益政治と「企業社会」を通じたものであった。戦後保守政治の政治的同意の調達回路は企業や団体を通じた間接的・媒介的なものであり、ポピュリズム的な、すなわち国民の直接的な意思に訴えかけ、それを政治的な資源にしていくような統治の技法が採用されることはなかったのである。

このような伝統的な保守政治の統治技法が変化しはじめたのは九〇年代である。小選挙区比例代表並立制の導入と保守二大政党化がすすんだことが、政権交代により安保・外交政策にリスクが生じる事態を回避させ、「世論」の振れ幅を一定の枠内に収めることを可能にしたからである。このようにして作られた政治的枠組みを十全に活用したのが小泉純一郎であることは言うまでもない。だが、かくして「劇場型政治」の舞台を設定したポピュリズムが、一挙に憲法改正を担う国民的主体になってしまったなどという粗筋をここで論じたいわけではない。

二　現代のコンフォーミズム

二〇世紀初頭のイタリアのマルクス主義者A・グラムシは、「集合人と新しいコンフォーミズムの形成」という短い論文の中で、現代のコンフォーミズム（従順さ）についてこのような考察をしている(2)。

直接的な利害関心に支配された者たち、または無批判に口から口へと伝えられるその場その場の印象にかき立てられた情熱のえじきとなっている者たちの群れは、もっとも卑しい動物的本能に見合った、もっとも悪い集合的決定で一致する。……そして、ほかの人間や人間集団にたいする責任のきずな、またはそれが崩壊すると個々人の不幸となってはねかえってくる具体的な経済的現実にたいする責任のきずなでむすばれていない。だから、このような群衆のなかでは、個人主義は克服されないだけでなく、なにをしても罰せられたり責任を問われたりするおそれのないことが確実なため、むしろ激化するといってよいのである。

これは、一九五〇年代前後の大衆社会とコンフォーミズムについての議論における群衆観とある面一致する。たとえば、アメリカの社会学者D・リースマンが一九五〇年に著した『孤独な群衆』の中で定義した「他人志向」がこれに当たるだろう。(3) ただしかし、グラムシの考察がここでとどまることはない。

しかしまた、手に負えない、無軌道な分子からなっていても、「よく秩序づけられた」集会は、個人の平均よりもすぐれた集合的決定で一致する、すなわち、量が質に転化するというのも、ごくふつうに観察されるところである。……現代世界におけるコンフォーミズムへの傾向は、過去におけるよりもはるかに広くて深いものがある。思考や行動の様式の標準化は、全国的な、さらには全大陸的なひろがりをしめすにいたっている。集合人の経済的土台は、大工場、テイラー・システム化、合理化などである。

グラムシにとってコンフォーミズムは、ただの反知性的な群衆の順応主義、つまり受動的なものではなく、新しい生産関係をつかみ、そこに知的・道徳的ヘゲモニーを確立し、新しい秩序を建設していく際に依拠する能動的・歴史的ブロックである。グラムシは「現代の」コンフォーミズムが、かつてのコンフォーミズムのように「英雄」を必要とせず、「下から上へとむかって」形成されていくことに変革の契機を見いだしている。問題は、誰が「代表的人間」になるかである。

現代のコンフォーミズム＝大衆社会統合の様式についてのリースマンとグラムシの捉え方の違いは、前者が消費社会化に重点をおいて「社会の個人化」を論じているのに対して、後者が生産システムの変容により重点をおいて「社会の組織化」を論じているというところにある。第一次世界大戦後に萌芽し、第二次世界大戦後に開花した先進国の大衆社会は――少なくともフォーディズム段階のそれは――個人化と組織化が拮抗しながらも調和する時代であった。「群衆」は生産関係に適合的なかたちで労働組合、「結社」、大衆団体に統合され、政治的に陶冶《とうや》された。選挙などでの政治的意思表明は、各種ユニットでの「集合人」としての意思決定に沿うかたちでなされた。フォーディズム的蓄積体制による一国主義的経済成長は、社会の普遍主義的な包摂を下支えし、個人主義あるいは個人の自由は、普遍主義的な準則枠で内発的な発展を遂げたのである。

いずれも Public Opinion が原語である「世論」と「民意」をいささか強引に区別できるとすれば、この文脈においてだろう。「世論」はバラバラな個人であり、無機的であり、数字である。「民意」は集合であり、有機的であり、物語である。

三　小泉ポピュリズム

中曽根康弘はいみじくも、小泉政治の成功の鍵を、かつてあった集団性、組織性が社会から失われ「粘土が砂になった」ことで生じた「世論」を背景に据えたことにあると指摘していた。「いままで圧力グループで固められていたものが、団体に影響されないで個人的な動きになった」[4]。中曽根のこの発言には、国民主権に基づく憲法改正を早くから唱えてきた希代の政治家としての、現状への一抹の危惧が添えられているように思えるのだが、それについては後述する。

小泉の政治手法は、まさしくこの「世論」を十全に活かしきる上で適切なものだった。「ワン・フレーズ政治」と呼ばれた彼の手法からは、歴史的なもの、伝統的なもの、政治的なものは排除される。「自民党をぶっ壊す」という、その「いさぎよい」姿勢が世論を喚起したのである。二〇〇六年八月一五日に靖国参拝を強行したことをもって、小泉政治は伝統的・復古主義的な政治に回帰したと果たして言えるだろうか。実際には、小泉の関心は靖国そのもの、あるいは靖国問題を日本ナショナリズムの高揚に結びつけることよりも、最初の自民党総裁選での公約を守ることにあった。参拝当日、靖国神社には二〇万人が参拝し「小泉純一郎閣下万歳」という右翼の横断幕が掲げられた。靖国参拝後に小泉内閣の支持率が上昇したことを受け、中西輝政はそれをナショナリズムへの国民的支持の定着とみなし、「中韓」が靖国問題を煽ることで憲法（九条）改正への気運が高まりつつあると評した[5]。だが、こうした「片思い」は空振りに終わったのである。結局のところ「世論」は参拝の是非にではなく、小泉がきちんと公約を守ったという「いさぎよさ」に喚起されたのだから。また、女性天皇を容認する皇室典範改正への固執についても、改正反対の保守派の意を受けた安倍晋三（当時官房長官）の忠告に対して小泉はこう答えた。「女性天皇への（国民からの）支持は高い(6)」。

小泉首相の「自民党をぶっ壊す」というスローガンには、これまでの自民党利益政治を断ち切るという政策的な次元にとどまらず、政治過程の中に「世論」を持ち込むことによる政治技法の革新ということが込められている。二〇〇五年の「郵政解散総選挙」が、共謀罪や障害者自立支援法案などの重要法案をいったん葬り去り、「拉致」問題やイラク派兵問題などの外交的・軍事的課題を脇に追いやってまで、さらには平沼赳夫ら憲法改正のイデオローグたちを追い出してまで断行されたのは、郵政民営化という小泉の悲願を達成するということだけが理由ではないはずである。単一課題を国民に提示してその審判を問うという、「擬似国民投票」の性格をこの選挙に強引にもたせることで、「世論」を決断の主体に据えたルールを日本政治に導入する「好機」と捉えたからと思われる。

もっとも小泉の手法は、新たな支配を確立する上では片翼の役割しか果たさない。小泉の政治手法は言うなれば「自然体」なものであった。つまり、何々を「なぜやって（言って）はいけないのか？」という禁忌《タブー》破りの、伝統や既存の政治経済システムからの「解放感」を醸成するものであった。これは、新自由主義的構造改革に漠然とした不安と不満をあらわす、砂のような「世論」を動員する上では有効だった。責任のきずなで結ばれていない「世論」は、ラディカルな破壊衝動を生み出すだろう。だがその役割は掃除人《スィーパー》であり、よりよき秩序は生み出さない。それは刹那《せつな》的でもある。「ひとりの『英雄』、ひとりの代表的人物の刺激と直接の示唆のもとに、集合的意志が獲得されていたのである。ただ、この集合的意志は、外的要因に由来するものであり、たえず組成されては分解していた」[7]。

新自由主義段階における支配は、資本蓄積の空間を創造するための破壊をつねに要請される。と同時に、破壊された秩序を再建するための新たなコンフォーミズムを確立しなければならない。生産様式とコンフォーミズムの予定調和が崩れ、これら二つの要請が対極的なものとして位置し、各々別個の政治手法によって遂行されなければならなくなったことは、近年の政治の特徴だろう。そして、新たなコンフォーミズムの確立という厄介な政治的使命を帯びて登場したのが安倍晋三である。

安倍晋三のイデオロギーはもっぱら「新保守主義」と称される。それは「経済成長や近代化によって既存の社会統合が弛緩し価値観が崩壊することに強い危機感をもち、その崩壊を伝統的な共同体の維持・復権によって再建することをめざす主張・思想」と要約される[8]。だが新保守主義というイデオロギーは、社会全体の統合をめざすイニシアティブにとどまらない。共同体の維持・復権をめざす以上、それは上からの権威主義的な介入によってのみではなく、集合人としての下からの共同意識の涵養を必要とするからである。そしてこの場合、個別的・断片的にしか発揮されない「世論」は下地にならない。共同体がもはや所与のものでない以上、それは目的意識的に再建されなければならない。安倍自身、小泉を支持する「世論」が、そのまま保守派の宿願である憲法改正の担い手に横滑りしないということに早くから自覚的であったと思われる。

……新しい時代、新しい世紀を迎えて、「われわれの手で新しい憲法をつくっていこう」という

> 精神こそが、新しい時代を切り開いていくと私は思うんです。いまは小泉政権の下で改革を進めていこうということですが、国の基本法を根本的に変えていこうという決意と精神、それによって本当の意味での改革をしていく気概がみなぎってくると思う。この潑剌とした気分を醸成していくためにも……白地から書くということが、むしろふさわしいと思っている(9)（傍点引用者）

小泉が「世論」に依拠したのに対して、安倍は「民意」に依拠しようとしたのである。

「民意」とは、政治支配層の諸分派のある有力な潮流が、市民社会内部の有力な潮流の意見を積極的に——時には歪曲しながら——引きあげることで、社会的正当性を政治的正当性に転化していくプロセスである。「民意」を担う集合人は、市民社会内部での相互対立を経て自己規定し同定される。小泉、安倍いずれもその政治手法は「解放的」であるが、安倍の場合、従軍慰安婦問題に顕著なように、戦後民主主義の禁忌を破るという、特定の社会集団にとって解放的なものだった。市民社会内で彼我の対立を煽り、自派を喚起し鍛え上げていくという上で解放的なのである。小泉がこうした市民社会内部での対立、換言すれば市民社会のヘゲモニー闘争に「無意識過剰」だったのに対して、安倍は「自意識過剰」だった。

　この二人の違いは、憲法改正に対する姿勢の違いにも如実にあらわれている。戦後、歴代首相が「自分の政権では憲法改正はしない」と口を慎んできたのに対して、はじめて将来の憲法改正の可能性を示唆し、あるいは自分の政権での憲法改正を明言した点で、ともに画期的な首相だった。ただ、小泉の憲法改正についての語りは、自衛隊の位置づけを中高生にもわかりやすくするために文言修正するであるとか、あるいは集団的自衛権の行使との関係で必要とあらば改正も、というテクニカルなものである。また小泉は、首相を直接選挙する首相公選制を導入する上での憲法改正の必要性を述べているが、その理由は、地方自治体の首長が直接選挙されるのに首相だけそうではないのはおかしいというもので、その改正をいったい誰が担うのかということ、つまり「人民に訴える」ということへの配慮が微塵もない。[10]他方、安倍の場合は「国の形、理想を物語るのは憲法」と述べ、「新たな国への歩み」への国民の参加を訴えている。[11]憲法改正をすすめるためには、それを構成する力を社会の内に見いだし運動化していく、つまり社会を変革する必要があるということに、小泉は無頓着で安倍は自覚的だった。

事実、こうした安倍の「人民主権」観は、自民党の憲法改正案にも強くあらわれていると言っていい。確かに、二〇〇四年六月に出された自民党憲法改正案「論点整理」の中の「わが国が守るべき価値に関して」では、「現憲法の制定時に占領政策を優先した結果置き去りにされた歴史、伝統、文化に根ざしたわが国固有の価値（すなわち『国柄』）や、日本人が元来有してきた道徳心など健全な常識にもとづいたものでなければならない。……日本国、日本人のアイデンティティを憲法のなかに見出すことができるものでなければならない」とされている。ここでは「日本人」というエスニックなアイデンティティが強調され、占領憲法たる日本国憲法はそうした日本人の「元来の」「国柄」を切断したものとみなされている。これに対して、二〇〇七年七月七日に発表された第一次素案における「前文」改正案項目（担当委員長・中曽根康弘、委員長代理・安倍晋三）では、大日本帝国憲法と日本国憲法は同格に据えられ、いずれも国民が主体的に選び取ったものでないということが言外に語られ、その上で「日本史上はじめて国民みずから憲法を定めること」が強調されている。もちろん国土、自然、文化、歴史、伝統といった言葉はちりばめられているものの、そうした「価値」も国民が主体的に選び取るものということが強調されている。

ただし、ここでいう国民的主体は「砂のような群衆」であってはならないのだ。このことが、中曽根の小泉への苛立ちと危惧、安倍への期待にあらわれていると思われる。中曽根の憲法観はこうだ。

日本はいうまでもなく自然的国家です。歴史と伝統のうえに築かれた国だ。これに対してアメリカは契約国家であり、中国はイデオロギーのうえにつくられた独裁国家である。いずれも人工国家だというのが私の見方です。そして二十世紀を振り返ってみると、この人工的色彩の強い国家は、歴史や伝統がない代わりに戦略性に長けていたと思います。それに対して日本は国家戦略がきわめて貧弱だったといわざるをえない。そのため世界の潮流を見失い、敗戦という憂き目を見るに至った(12)。

戦後の日本の憲法には共同体論がありません。だから、憲法に歴史とか伝統とか、文化概念がほとんどない。私に言わせれば、無国籍ですね。教育基本法もそうです。そもそも憲法を考える場合、いわゆる憲法制定権力というものを考えなければいけない。つまり、成文憲法をつくる権力、力がある。これはフランスの政治学者デュベルジェや、東大の宮澤俊義教授が我々に教えたことです。それで主権在民の場合は、憲法をつくる権力を人民が持っているわけです。それなのに、切り花憲法に安住し謳歌してきた。そういう意味で国家論、共同体論をもう一度見直す必要がある。[13]

前の文章で「契約国家たれ」を語り、後の文章で「文化・伝統」云々は一見矛盾にも思える。だが中曽根が前の文章で言いたいのは、戦前日本が国家と共同体が合一した「自然国家」であったが故に戦略性あるいは国家理性を欠き、暴走し敗北したということである。そして「自由と民主はすぐに結びつかない。結びつかないものがなぜ結びつくのかというと、それは共同体があって、言語や文化を同じくし運命を同じくする集団があるから」というのが中曽根の共同体観であり、[14]したがって後の文章の共同体あるいは共同体論は、国家ではなく人民にかかっていると読むべきである。すると、これらの文章はこう読める。「新憲法」の制定によって日本はついに契約国家へと離陸できる。ただしかし、それを担う人民は歴史、伝統、文化という実質を備えた共同体における政治的陶冶を経て、はじめて憲法制定権力者たる人民たりうるのだ、と。

中曽根、安倍にとって、現状の世論調査で憲法改正賛成派と反対派どちらが多いかなどは二次的問題である。問題はまずもって量より質なのであり、群衆を「人民」に陶冶することである。すぐれた集合的決定をおこなうための秩序は政治綱領によって整序される。中曽根、安倍が憲法改正素案のうち前文を担当したのは、個別条文とは異なり前文だけが政治綱領としての機能をもっとも果たしうるからである。保守政治にとって、第九条の改正がまずもって政治的に喫緊であるにもかかわらず、改正案が全面改憲として登場したことの意味は、たんに九条改正を覆い隠すための「イチジクの葉」「オブラート」が必要だからではない。そうではなく、改正憲法にトータルな変革の構想を示す政治綱領の性格をもたせるためである。

一九七〇年代後半に確立した企業社会統合によって、日本社会の責任のきずなは断たれ、個人化が進行した。市民社会が企業と消費文化に制覇されることで現出した「世論」は、小泉構造改革を円滑に、「非政治的に」推進する上で力になった――つまり、社会変革は構造改革より前に完了していたのである。これに対して安倍は、新たな秩序形成という社会変革と政治変革を、同時的に担わなければならないという責を負う羽目になったのである。

四　新保守主義の台頭――アメリカにおける形成と展開

M・サッチャーの「社会などというものは存在しない。存在するのは個人だけだ」という台詞が実現するならば、あるのはカオスのみである。秩序は失われ、「外部」は消滅し、統治は不可能になる。だから彼女はこの台詞の後に、そっと「家族」を付け加えた。フォークランド紛争時に高揚した「イギリス・ナショナリズム」に依拠し、当面の統治の危機をしのいだのである。

新保守主義は新自由主義へのひとつの回答であり、それはセキュリティや道徳を上から強制することによる共同性の確保をかならずともなう。だが新自由主義は非歴史的であり、新保守主義は歴史的である。それは新保守主義が「伝統」に依拠するからだけではない。新たな秩序の確立のためには、歴史的なもの、伝統的なものの一切を運動に還元し、社会に埋め込まれた「常識《コモンセンス》」をひとつひとつ改鋳していく「長い革命」が必要だからだ。「上からの強制」が過度に突出するということは、その新保守主義が外的要因（情勢）に左右されやすく、根腐れで、出来損ないだということだ。D・ハーヴェイいわく「新保守主義は、ある種の道徳的放縦（それはたいてい個人主義によって促進される）に反対する運動としてずっと以前から伏在していた」のであり[15]、その質は所与の歴史や伝統ではなく、それを政治化せしめる運動とその経験に規定される。このような新保守主義運動は、「歴史と伝統を欠いた」アメリカ合衆国においてもっとも成功している。

アメリカの「新」保守主義運動の水脈は一九六〇年代にまでさかのぼることができる。六〇年代、アメリカ司法は人種統合や中絶の容認、政教分離などについての画期的な判決を次々と出した。また連邦政府は「偉大な計画」のもと公共政策を拡大する、いわゆる「大きな政府」の政策を採った。このように、もっぱら連邦政府主導で次々とリベラルな政策が展開されていくことを、保守派は州やコミュニティへの侵害と捉え、それが「伝統的」家族の価値やコミュニティを崩壊させるといった危機感や不安感をつかむことで徐々に広がりをみせるようになった。八〇年代のレーガン政権下、新保守主義は課題として全国政治に登場した。だが運動の目線は、政治ではなくいぜん社会に向けられていた。幾度か提起された政教分離に関する憲法改正は不首尾に終わったものの、それは運動の目線を政治に引きつけていく上での御旗として、デモンストレーションの役割を果たした。教会とそのネットワークは、かならずしもひとしなみに保守的なわけではないものの、活動家に政治オルグの場を提供することになった。教区単位で草の根組織が組成されていった。中絶クリニックへの放火・襲撃といった、今日ならば間違いなく「テロリズム」に分類される非合法的直接行動は、コミュニティの共感共苦《コンパッション》のきずなを結んだ。「殉教者」たちは刑務所から電話で集会演説をおこない、数千の聴衆はそれに歓声で応えたのである。彼らは歴史ともきずなを結んだ。カンザス州の新保守主義運動のシンボルはジョン・ブラウンである。ブラウンは一九世紀半ばの原理主義的な奴隷解放活動家であり、目的のためには殺人も厭《いと》わぬその信念と、「殉教者」として処刑されたというその物語は、二〇世紀初頭の革新的農村ポピュリズム運動の中で再帰し、経験化され、また今日、新保守主義運動の信念としてよみがえった。極右活動家が語る「ジョン・ブラウンが生きていたら、きっと俺たちと一緒に闘うさ」というロマン主義は、(16)国家や政治という外的要因から自律的な、合法性と正当性が相矛盾し拮抗する動的な規範を錬成する。この運動規範が社会を、とりわけ経済的に衰退する内陸部の社会をつかみはじめたのが九〇年代初頭であり、かつては労働組合など別の運動規範に包摂されていた人びとを再包摂することで、運動は肥大化していった。「リベラル」クリントン政権の担い手は、かつての民主党政治とは異なり、労働組合よりもとりわけ沿岸部に集中する新中間層である。労働運動が衰退し、民主党が新自由主義政策を採用し、「リベラル」が内陸部から総撤退したことで生じた間隙に、新保守主義運動は浸透していったのである。

こうした草の根の運動を全国化し、政治化する上で役割を果たしたのが今日「ネオコン」と称される集団である。彼らは財団やロビー団体を通じて新保守主義運動に「政策」を与え「代弁」し、政府に圧力をかけた。このような「トップダウン型の政策アドボカシー活動をアップデートされた会員の組織者」と融合することで、政治と社会の有機的な結合関係がつくられた。こうして運動は「政治マシーン」に転化していった。(17)

だから、九四年中間選挙に共和党が「アメリカとの契約」（Contract with America）という政治綱領を掲げて挑み、ほぼ六〇年ぶりに上下両院で多数派を奪取するという歴史的勝利を収めたことと、九二年のルビー・リッジ（白人優位主義者らがアラバマ山中に武装籠城した事件）、九三年のウェイコ（新興宗教ブランチ・ダビディアンのメンバーの籠城事件。銃撃戦の末九〇名が焼死）、そして九五年のオクラホマ州連邦政府ビル爆破事件、等々の新保守主義の「テロリズム」の頻発が同時的であったのは偶然事ではない。クリントン政権は「反テロ法」の制定によってこれに応えようとした[18]。だが、かかる運動にとって正義は行為の是非ではなく、どちらの側にあるのかが問題なのである。通信傍受や銃規制という「上からの強制」は、自律性を侵害する許し難い不正義とみなされた。九四年中間選挙における共和党の勝利はまさしく運動の勝利であり、したがって運動の規範／正義は社会を超え、そのままに政治に持ち込まれることになった。民主党政府が提案する反テロ法を次々と打倒した、共和党の重鎮であり上院司法委員長であるオリーン・ハッチは、だから運動への、「テロリズム」への共感共苦《コンパッション》の想いを込めて、こう語るのである。

> 状況は一変したのだ。私が上院に来た二〇年前は、保守派はあらゆる犯罪を抑止するために通信傍受の強化を要求し、リベラルは市民的自由を理由にそれを欲しなかった。……現在は、われわれ極右保守派は反対にまわったのである。……極右保守派は……ウェイコやルビー・リッジの事件後に〔首謀者が〕一斉検挙されたことを、正義が挫かれたように感じ、懸念しているのである[19]。

五　第一次安倍政権のバランスシート

二〇〇七年九月に安倍政権が崩壊した直後のインタビューで、「日本会議」議長・三好達は「安倍首相は早ければ三年後に改憲を発議したいとおっしゃっていましたが、これは難しくなりました。しかし、これは国民によく考えてもらい、私どもの考え方を理解していただく大事な時間が増えたと考えるべき」と語っている。[20] いまの日本人のままでは憲法改正はできないのであり、教育基本法の改正を梃子《てこ》に国民意識を立て直した後で憲法改正に臨むべきであり、将来を見据えて地道にネットワークを広げていくことが重要だと彼は強調する。三好のような草の根的観点からすれば、安倍晋三の登場は早すぎたのかもしれない。日本の保守勢力を結集し一九九七年に結成された日本会議は、三好いわく「種まきを懸命にして」いまや地方支部も都道府県レベルから市町村レベルにまで拡大している。だが、彼らの運動はまだゼラチン状であり、早熟であり、政治の「重み」に耐えることはできなかった。近年、拉致問題という成長ホルモンを注入され、確固たる運動規範を組成しないままに政治化してしまったこの運動は、政治あるいは「情勢」といった外的要因から自立した社会的堡塁《バリケード》を構築できなかった。なるほど安倍は、新保守主義革命の政治綱領たる教育基本法の改正と、憲法改正を制度的に可能にする国民投票法の制定という歴史的偉業を成し遂げはした。だがこれは、「世論」に依拠した小泉が勝ち取った数の論理を背景にしてのものであった。だから、二〇〇七年夏の参議院選挙で「敗北」すると憲法改正の声はあっさり鳴りをひそめたのである。政治にべったりと張りつき、情勢に一喜一憂する始末の悪い新保守主義の中間イデオローグとは異なり、三好の発言はこの一〇年の運動の地道な取り組みとその広がりへの確信に裏づけられてはいる。だが、日本の新保守主義の運動はここまでたった一〇年の蓄積しかないのであって、アメリカのそれ、あるいは日本の戦後革新勢力／民主主義運動と比べれば、その政治的経験の蓄積の度合いは未熟である。いぜん社会レベルでは、とりわけ平和意識に関しては戦後革新勢力／民主主義の側のほうが強い規範力をもち、「憲法を構成する意識」を運動化していく術をもっていると言える。この戦後民主主義運動が、議会では圧倒的に無力であるにもかかわらず、社会レベルではそれなりの影響力をいぜん保持していることを過小評価すべきではないだろう。だから、これに対抗する日本の新保守主義運動の発展の試金石は、安易な政治化と情勢への依存を戒めつつ、「社会的右翼」としての政治経験をどれだけ蓄積していくかにあったのだ。

六 「自由」と「民主」のきずな

とはいえ、新保守主義運動に対抗的な戦後革新勢力／民主主義の側の運動は、あくまでこれまでの蓄積を動員した集合的パワーに依拠したものであり、世代的に著しく偏っている。世代間継承の困難は運動を確実に先細らせていくだろう。ならば、これらの運動への批判として登場した――誰かが「脱物質的」と呼んだ――「新しい社会運動」は、オルタナティブたりうるのだろうか。ただ、ここで論じたいのは各々の運動の課題やテーマについてではなく、その運動が政治的民主主義の発展——すなわち「民意」の発展——の上で、戦後革新勢力／民主主義運動に代わる機能を果たしているかどうかである。

政治的民主主義を発展させる上で運動が役割を果たすかどうかは、それが階層縦断的に構成されているかどうかにかかっている。[21] あるアンケート調査では、ＮＧＯの回答者（多くは専従だろう）の四分の一の最終学歴は大学院である。[22] これをもって「新しい社会運動はエリート中心で駄目だ」と言いたいのではない。というのも、戦後革新勢力／民主主義運動でも専従やリーダーには高学歴者が多かったからだ。そうではなく、その運動あるいは団体、あるいはその「連合体」が、全体としてどの程度「非同質的」であるか、換言すれば異なる職種、経済的地位、学歴、性別、出自の人びとで構成されているかが重要なのである。戦後革新勢力／民主主義運動が培った政治的民主主義は、「市民的」でも「階級的」なものでもなかった。今日とても不人気な「結社」について言えば、かつての共産党や創価学会が一九六〇年代に急激に組織拡大したのは、高度成長下、農村から流出してきた若年労働者を——その保守性も含めて——包摂したからである。[23] それはカオスに秩序を与えたというだけではなく、イデオロギーや文化に接する場を提供し、任務や役職が相対的に分け隔てなく割り当てられ、地域別に編成された支部や分会が政治的な討議と訓練の場として機能し、さらにそれが全国政治へと階統的に接続したのである。それまで「非教養層」とされてきた人びとを「集合人」として政治的意思決定の当事者に引きあげていくという、大衆社会のコンフォーミズムをそれは形成したのである。

戦後革新勢力／民主主義運動の中核を担った労働運動もそうである。安田浩が強調するように、

「平和運動を労働組合が積極的に担い、また平和運動で作り出されたエネルギーが労働運動に還流していくという補完的構造」が存在していたのであり、原水爆禁止運動等を媒介とした「農民や一般市民との」交流やきずなが、「階級」を超えた問題への関心を高めていった。[24]要するに、「共有された民主的価値、階級の区分を越えたある程度の友情、大多数の人が一握りのエリートと一緒になって組織化された努力に参加する機会」が、ここには曲がりなりにもあったのである。[25]

確かに、こうした組織や運動は、リベラルな価値観からすれば「武装なき軍隊」であり、権威主義的であり「非民主主義的」だったかもしれない。これへのある意味正当な反発が、今日の個人の自由と「市民」のインフレ状況をもたらしたともいえる。だが、これらの運動が、かなり多数の人びとを階層縦断的に包摂し、人びとに社会レベルでの政治的意思決定への参加の場を提供してきたという事実を看過するならば、「自立した市民による新しい社会運動」は、政治的民主主義を侵蝕する方向に傾くだろう。地域社会に根を張り、人びとの相談に応じ、個別の生活要求から出発し幅広い政治要求に高めていくという民主主義の実質化への努力は、少なくともアメリカでは「リベラル」よりも新保守主義の側のほうが——残念ながら——熱心だったのである。それがいかに低水準で、歪曲されたものであったとしても、そうなのである。新自由主義改革がすすみ、「世論」が現出しカオスが広がる今日において、「官民パートナーシップ」という民意を排除した政治化を社会運動が選択するならば、「脱物質化」は、ひいては「脱民主主義化」に豹変することになるだろう。

戦後革新勢力／民主主義運動の衰退は、とりたてて政治的というわけではない、大学や地域の自治運動やサークル活動の衰退とも軌を一にしている。このことは、これまで統合を担っていた学校、地域、企業といったユニットが衰退していることと共振関係にある。社会的なきずなが朽ち果てていくことで自由が生じるならば、中曽根康弘が保守の観点から言うように、「自由」と「民主」の結び目はほどけていくだろう。

また、こうして生じた間隙を埋めるのに「ナショナリズム」がまるで有効であるかのように語るのは滑稽ですらある。というのも、それこそグラムシが展望したような、階層を越えた文化的・伝統的紐帯をつくりあげ、全国的視野を切りひらいていくという国民国家形成のナショナリズムは、もはや使命を終えているからである。われわれがいま目にしているのは、その抜け殻に過ぎない。二〇〇一年の同時多発テロ後のアメリカン・ナショナリズムの高揚は、基本的に自己充足に回収されるセンセーショナリズムにすぎなかった。「上からの強制」に終始したそれは、既存の社会関係を乗り越えた共感共苦《コンパッション》を生み出さなかった。街頭や広場での結集はなされず、みんな家に籠《こ》もって泣いていただけだった。労働組合運動も、新保守主義運動も、「高揚した」ナショナリズムを梃子に前進することはなかったのである。

グラムシによれば、コンフォーミズムはつねに存在した（する）のであり、したがって「現代のコンフォーミズム」は、新しい生産と労働の様式の上に確立されなければならない。ならば、3・11以後隆盛しつつある社会運動は、政治的民主主義と「民意」の回復という側面からも評価されていく必要があるだろう。

注

(1) 改進党「新日本国民憲法創定に関する決議」案、一九五四年。

(2) アントニオ・グラムシ『現代の君主』上村忠男訳、青木書店、一九九四年、二四六―二五〇頁。

(3) デイヴィッド・リースマン『孤独な群衆』加藤秀俊訳、みすず書房、一九六四年、四頁。もっともリースマンの検討対象は「社会の上層部……『新中間階級』とよばれる給料生活者たち、すなわち専門職や管理職に限定」されている。そこに「生産と開発のフロンティアでの古い社会的機能が失われ、あるいは弱くなって消費と人間関係の領域における新しいフロンティアが発見されつつある」というのがリースマンの主張であり、それが全社会を貫徹する統合規範だと言っているわけではない。

(4)「朝日新聞」二〇〇六年九月二九日におけるインタビュー。「自民党の金属疲労に国民が嫌気がさし、自民党を壊せ、既成秩序を破壊せよということになってきて、いままで圧力グループで固められていたものが、団体に影響されないで個人的な動きになった。粘土が砂になったわけだね。それに乗ったのが小泉君だ。変人社会を洞察した先見の明は大したものだ。もはや砂は粘土には戻らないね。」

(5) 中西輝政・福田和也「媚中外交の清算、憲法改正への布石」(『諸君!』二〇〇六年一〇月号、二四―三八頁)。

(6) 上杉隆『官邸崩壊』新潮社、二〇〇七年、二二四頁。

(7) 前掲、グラムシ『現代の君主』二四七頁。

(8) 渡辺治『安倍政権論』旬報社、二〇〇七年、二一二頁。

(9) 安倍晋三「第三の憲法を白紙からつくりたい」(『論座』二〇〇四年二月号、一一―一九頁)。

(10) 二〇〇一年五月一〇日、衆議院本会議、国務大臣の演説に対する質疑。

(11) 二〇〇六年九月一九日、衆議院本会議、安倍首相所信表明演説。

(12) 中曽根康弘・松本健一・西部邁『憲法改正大闘論――「国民憲法」はこうして創る』ビジネス社、二〇〇四年、四二頁。

(13) 中曽根康弘・宮澤喜一『憲法大論争　改憲vs護憲』朝日新聞社、二〇〇〇年、二四―二五頁。

(14) 同前、中曽根・宮澤、二六頁。

(15) デヴィッド・ハーヴェイ『新自由主義――その歴史的展開と現在』渡辺治監訳、作品社、二〇〇七年、一一七頁。

(16) Thomas Frank, *What's the Matter with Kansas*, Owl Book, 2004, pp. 182-183.

(17) シーダ・スコッチポル『失われた民主主義――メンバーシップからマネージメントへ』河田潤一訳、慶應義塾大学出版会、二〇〇七年、二三三頁。

(18) クリントン政権下の反テロ法制定過程と極右運動の関係については拙稿「一九九〇年代米国の治安国家化と政治秩序――九六年テロ対策法制定をめぐる政治的対抗」(『一橋論叢』二〇〇六年二月号)。

(19) C.R.S., 104th, 2nd, April 17, 1996, p. 7782.

(20) 三好達「再生なるか、保守主義運動の近未来――『日本会議』発足一〇年を総括する」(『正論』二〇〇七年一一月号、一五〇―一五九頁)。

(21) 前掲、スコッチポル『失われた民主主義』四〇、九二、二二七頁。現代国家／社会のメルクマールが大衆の組織化にあるのは間違いないが、しかし「工業化によって国の経済が変容すると同時に、アメリカ人は階級別の職業を基礎とした結社に単に分かれて加入しただけではなかった。労働組合、商業組合、専門職業団体が増殖し、新しい会員を引きつけた。だが、そのまったく同じ時期に、教会、宗教結社、友愛・婦人団体、また階級横断的に入会者を獲得する多くの他の種類の長期にわたって存続する自発的結社が、広がり、成長していた」のである。スコッチポルいわく「有効な民主主義は、強力な代議政府と、多数者による多数者のための集合的パワーを提供する力強い包摂的な結社を必要とする」のであり、「あらゆる市民組織の大半が、役職などに一生縁がなさそうな普通の人々によって率いられた」。要するに、「結社」

を媒介とした社会レベルでの多数者の包摂が、大衆社会における民主主義の「実質」を支えてきたということである。

(22) 日本学術振興会科学研究費基礎研究（B）「市民エージェントの構想する新しい都市のかたち――グローバル化と新自由主義を越えて」（研究代表者・町村敬）、二〇〇七年三月、一九頁。

(23) 渡辺治『企業支配と国家』青木書店、一九九一年、九九―一〇〇頁。島田裕己『創価学会』新潮新書、二〇〇四年、六〇―六三頁。

(24) 安田浩「戦後平和運動の特質と当面する課題」（『講座現代日本4　日本社会の対抗と構想』大月書店、一九九七年）二六〇頁。

(25) 前掲『失われた民主主義』二一八頁。

2章　〈常識《コモンセンス》〉の政治学
――二〇〇九年政権交代の教訓――

確たる未来の見取り図が描けない不安定な時代には、なおさら「過去」が参照される。その過去が繁栄し安定したものであればあるほど、そこから培《つちか》われる「保守感覚」は、それなりの規範力をもつ。二〇〇九年の「静かなる」政権交代を下支えしたのはこの感覚である。新自由主義の時代には、〈政治〉＋〈社会〉が安定した関係をとりもつのは困難である。「これから」が不確定な時代には、過去の残照が〈政治〉をつかむことがありうるのである。

一　洲崎パラダイス

「洲崎《すさき》パラダイス・赤信号」（川島雄三監督、一九五六年）は、現在の東京都江東区に一九五八年頃まで存在した遊郭とその界隈を舞台にした映画である。

冒頭、隅田川にかかる勝鬨《かちどき》橋の欄干で男女（新珠三千代、三橋達也）が所在なさげにたたずみ、口論している。仕事を首になった甲斐性なしの「男」に苛立ちながら、「女」は男の手を引き、洲崎楼閣の外側に通じる小橋の袂《たもと》にある薄汚れた飲み屋の暖簾をくぐる。この飲み屋の「おかみ」（轟夕起子）は、夫が洲崎の娼妓と駆け落ちし、女手ひとつで幼子を育てている。女はここで糊口をしのごうと住み込みを決め込み、さらに男の仕事を斡旋してくれとおかみに懇願する。おかみはしぶしぶ承諾し、男に蕎麦屋の出前の仕事をあてがう。おかみの応対はつねに消極的であり、その表情には諦念すら浮かんでいる。話がすすむのち、女が過去に洲崎楼閣の娼妓であったことが暗示される。楼閣と外部とが交差する地点で、往来する人びとと交際してきたおかみはただちに女の素性を察知し、「この手合い」の行く末を見通したようである。案の定、女はマネービルに興じる羽振りのよいラジオ商と「いい仲」になり、囲われて出奔してしまう。蕎麦屋で気力なく働いていた男はそれを知り、何とか探し出そうとラジオ商が集まる秋葉原を当てどころもなく彷徨し、精根尽き果て公園にへたり込んでしまう。同情した建設人夫たちに握り飯を与えられ、それをほおばりながら神妙な面持ちで勤勉な人夫たちを見つめ、ここで男は「まっとうに働く」ことを心の裡《うち》に決意する。おかみにもひとときの僥倖《ぎょうこう》が訪れた。夫が戻ってきたのだ。束の間の幸せが家族を覆うが、しかし夫はかつての情婦の恨みの刃で命を落としてしまう。店の客が「ま、しょうがねえじゃん」と軽口をたたくのに、おかみは表情を変えることもなく黙々と手仕事をすすめる。亡き夫が幼子に買い与えた玩具の刀が掘割をゆっくりと流れていく。男を気にかけていた蕎麦屋の店員の少女（芦川いづみ）がそれを寂しげに見つめている。女はというと、やはり男のことが忘れられずふらりと洲崎界隈へ舞い戻り、二人がつかず離れず行き着いたのは結局、勝鬨橋の欄干である。「ねえ、これからどうするの」と言う女。それに対して今度は男が女の手を強く引いて、「行こう」と慌てて飛び乗ったバスは彼方へと走り去っていく。

この作品は、「成長と変化」をあらわす「男」と、洲崎界隈の「おかみ」という二人を軸に展開している。「女」が「男」を界隈へ引き込み、そこで世話を受けながらも最後は「成長」を遂げた「男」が「女」の手を引き、実にアッケラカンとそこから立ち去るというわけだ。あまり後味がよくない結末である。しかし、この作品が一九五六年という高度経済成長の開始期に制作されたことを考慮に入れれば、この「後味の悪さ」が日本社会の急激な変容にまとわりついたものであることが見えてくる。監督の川島雄三は、「男」が彷徨する秋葉原と洲崎界隈を「別世界」であるかのように対比して描いている。前者は眩暈《めまい》をもよおすカメラワークで撮影され、活気に満ちつつもしかし匿名的で疎外感を覚える空間として。後者は、遊郭に寄生するほかに術なき者、見知らぬ者に職や居場所をあてがい、泥棒が入れば近所中が集まるような人びとが暮らす、気の置けない場所として。後者に愛着の念を抱けば抱くほど、そこからあっさりと「離陸」することに、ある種の「残酷さ」と「違和感」を覚える構図になっているのだ。この作品には、経済成長の渦中、アッケラカンと「古い世界」が忘却され「新しい世界」に移りゆくことへの川島なりの「違和感」が込められているとは言えないか。

高度経済成長をめぐる過去と現在の「懸隔」をテーマにした作品には、ほかにも「血のメーデー事件」を題材にした黒井千次の『五月巡歴』、大阪造兵廠跡の「アパッチ族」の活躍を描いた梁石日の『夜を賭けて』などが挙げられるだろう。いずれの作品も、「出来事」を現在へと連続させるのではなく「忘却に抗う」ことを強く意識している。せざるをえないだけの「別の現実」がつくられてしまったからだ。

高度経済成長以降の日本社会は、藤田省三の言葉を借りれば、古い世界を「ひき臼によってひきつぶした」上に作りあげられた。[1] 後述するようにそれは、資本蓄積を阻害する要素を極力排除した成長至上主義的な〈同質社会〉であった。この〈同質社会〉はいまや過去に追いやられてはいるが、そこで形成された日常感覚、(グラムシ風にいえば)〈常識《コモンセンス》〉は、新自由主義構造改革と大不況による〈社会〉の階層化と分裂がすすむなかで、一定の規範力を回復しつつあるように思われる。「古い」自民党政治を支えた〈社会〉の支配的イデオロギーだった、この〈常識〉を引き受けることで、二〇〇九年の政権交代は果たされたと思われる。

二　小沢一郎のポリティクス

近年の日本の政治変動を分析する上で「ポピュリズム」は欠かせない概念となっている。アメリカ合衆国のように、一九世紀のジャクソニアン・デモクラシー、二〇世紀初頭の革新主義や農村ポピュリズム運動、三〇年代のヒューイ・ロング、そして一九五〇年代のマッカーシズムといった、大衆煽動的な技法による政治改革や民主化(あるいはその破壊)を歴史的に経験してきた国では、早くから分析概念として定着しているが、論者の目的意識や政治構造全体の捉え方によって、その扱いや定義は多種多様である。ただここでは、もっとも一般的な定義に近いと思われる、「ポピュリズムとは、人びとが抱く感情にはたらきかけ、政治的シンボル（言葉やイメージ等）への支持／同一化を広範に喚起する政治」という齊藤純一の定義にのっとり論をすすめていこう。(2) こう定義されたポピュリズムを戦後日本の政治過程に当てはめてみると、まず該当するのは、「民主か独裁か」をシンボルに掲げた六〇年安保闘争をはじめとする、戦後革新勢力の政治行動である。ところが、これに対してはポピュリズムという概念をもちいた分析や批評は――一部の保守論壇を除いては――ほぼなされてこなかった。日本におけるポピュリズムという概念は、戦後革新勢力のポピュラリティが後退し、保守支配層内部からの「改革」の気運が高まってきた九〇年代以降に、分析規範として重視されるようになったところに特徴がある。そして九〇年代以降、国政レベルでポピュリズムを喚起する政治的シンボルたる資格を有したのが、九三年政変における「政治改革」と、二〇〇五年郵政選挙における「構造改革」であることは衆目一致するだろう。九三年、非自民六党派の連合により成立した細川政権は、リクルート事件に端を発した政治腐敗一掃の世論と――それとはまったく関係がない――選挙制度改革による小選挙区制の導入と保守二大政党の確立という目論見とを、「政治改革」というシンボルにパッキングし政権交代を果たした。しかし、そこではポピュリズム的な政治手法はいぜん萌芽的であった。したがって「日本的ポピュリズム」の本格的展開は、二〇〇五年の郵政選挙を待たなければならなかった。この選挙において小泉首相は、政治過程の中に「世論」を直接持ち込むことによる政治技法の革新を試みた。単一課題を国民に提示してその審判を問うという「擬似的国民投票」の性格を議会選挙にもたせ、「抵抗勢力」との敵対性を演出することでメディアの注目を独占し、有権者を喚起することで結果、自民党の圧勝をもたらしたのである。(3) 重層的で理性的な政策形成ではなく、煽動による非合理的な感情の喚起が直接〈政治〉を左右する、こうした政治技法が「これから」の政治を支配していくとみなされ、以後ポピュリズムをめぐる議論や分析が活発化していくことになる。したがって二〇〇九年の政権交代を、こうした「流れ」から捉えようという議論が出てくるのは当然のことであった。

だが、この「小泉ポピュリズム」と二〇〇九年の政権交代は、かなり異なった様相を呈した印象がある。なるほど「変革」「改革」というスローガンは、さまざまな立場から喧しく唱えられはした。しかしそれは支配的な言説へと練り上げられることはなく、「煽動」というよりは、ひどく「遠慮がち」に唱えられたからだ。「怒り」ということに鑑みれば、今回の総選挙ではポピュリズムを作動させる資格を有していたのは「構造改革」を批判する側だったともいえる。齊藤純一が述べるように、この選挙は新自由主義改革による〈社会〉の劣化に対して「おかしい……怒りや悲しみ、憤懣や恥といった感情……理不尽の思い、『不正義の感覚』[4]」を〈政治〉にたたきつける機会だったはずだからだ。ところが、結果生じたのは、「ポピュリズム不在」とも言いうる「静かなる」政権交代であった。

二〇〇五年の郵政選挙に比べ、今回の選挙では、解散から一カ月間の選挙関連放送の時間数はほぼ半減した（主要六局合計／三二一時間→一七五時間[5]）。これは言うまでもなく視聴率がとれないという事情からだが、その原因のひとつは、「劇場型」を演出した小泉とは正反対に、二〇〇九年政権交代の本来の「主役」である小沢一郎がメディアに登場もせず、それを利用もしない選挙戦略を展開したからである。小沢は九三年政変と小選挙区制導入の立役者であり、以後一貫して政界再編のキーパーソンだったわけだが、「ポピュリスト」としての資質、つまり「国民に直接訴えかけ国民を動員したいという煽動的政治家としての資質、意欲が欠け」ていることは、九三年政変の頃から指摘されていた。(6)小沢の政治手法は、直接的な大衆煽動による組織の「破壊」ではなく、むしろ既存の組織を重視し、体制内諸分派組織を自らの支配圏域の中に統合し、その「政治機械《マシーン》」を軸に集票していくというものだからだ。

民主党にはおよそ九つほどの党内グループが存在したが、二〇〇三年に小沢自由党が民主党に合流した当初からもっとも重視していたのが、旧社会党系を中心とした横路グループとの関係である。自由党合流以前の民主党は、都市中間層を支持基盤にした新自由主義に親和的とされる松下政経塾系グループと、労組を基盤とした旧社会党・民社党グループの両翼で構成されていた。メディアへの露出度と個人人気については前者が圧倒的だったが、彼らには党全体の集票力を底上げするような組織力はない。それに対して、横路グループの背後には七〇〇万近くの組合員を抱える「連合」がおり、この動員力と集票力に小沢は着目したのである。二〇〇六年に民主党代表に就任して以降、小沢は日教組出身の輿石東を党参議院会長に据え、笹森清・元連合会長ら労組幹部と密接な関係を構築し、それは日教組の県レベルの大会にまで足を運ぶほど緊密化した。小沢の政治手法が支配的になっていくなかで、二〇〇五年までは自民党よりも新自由主義に特化しているとみなされていた民主党内部の力関係の変化が生じた。

二〇〇七年の参議院選挙をはじめとして小沢主導の選挙が次々と成果をあげたことで、党内の急進的な新自由主義と新保守主義のグループが脇に追いやられていくという構図が生まれた。二〇〇六年に前原誠司が代表を辞任するまでは、民主党内部では前原、野田グループを筆頭に「労組依存からの脱却」が公然と唱えられていたが、二〇〇五年の郵政選挙での大敗という「現実」と、自公連立政権における創価学会の組織力を目の当たりにし、小選挙区制のもとでは安定的な基礎票が帰趨を決するという「現実」の前に沈黙を強いられた。また、二〇〇九年の政権交代選挙では、民主・自民両党にわたって分布している新保守主義系の議員が大量に落選、あるいは影響力を低下させた。このグループは、教育基本法「改正」を果たし国民投票法を制定した第一次安倍政権下でもっとも活発だったのだが、この選挙では、たとえば二〇〇七年六月に「従軍慰安婦の強制を示す歴史文書はない」と謳った『ワシントン・ポスト』紙への意見広告に賛同した自民党衆議院議員二七人のうち、生き残ったのはわずか四人である。民主党の議員の多くは生き残ってはいるものの、独自の政治勢力としての地位は低落した。小沢は、郵政問題で自民党を離党した急進保守派の平沼赳夫の選挙区に、不利を承知であえて民主党の新人候補を立候補させている（平沼が当選）。これは、小沢が党内中道左派との連携を明示的に選択したということのあらわれである。また、同年の都議会議員選挙で圧勝した民主党の保守系議員が、選挙直前に「民主党の左傾化」を告発する記事を発表しているのは、焦燥のあらわれだろう。[7] 付言しておくと、二〇〇九年総選挙では衆院憲法調査会会長である中山太郎が落選している。また明文改憲賛成派も、中曽根康弘率いる「新憲法制定議員同盟」所属一三九名の衆議院議員のうち生き残れたのは五三名である。明文改憲賛成派が参議院、衆議院ともに憲法改正発議に必要な三分の二を切ったため、第一次安倍政権時に想定された改憲スケジュールは、ここでいったん頓挫したのである。

二〇〇九年の政権交代選挙で小沢一郎は、組織やネットワークを最大限民主党に接続するという作業にもっとも努力を傾注したようである。たとえば、コンビニ本部に対する交渉のためにフランチャイズ店が結成した「コンビニ加盟店ユニオン」の結成式に参加し、ただちに選挙協約を結んでいる[8]。わずか組合員二〇〇人程度の組合の大会にわざわざ足を運んだのは、その背後にある全国四万五〇〇〇店のコンビニのネットワークを睨んでのものだ。

あとは徹底した「ドブ板選挙」である。立花隆はこう評している。「政策演説抜きでひたすら選挙区をすみずみまで走り回って、握手とお辞儀を繰り返すあのドブ板選挙戦術は、今は知る人も少ないだろうが、実は田中角栄が田中派の新人立候補者たちに徹底的に教え込んだ田中派直伝のスタイルだ[9]」。各選挙区を取材したジャーナリストの上杉隆は、慨嘆しつつこう述べている。「思えば、鳩山も、小沢も、渡部も、民主党幹部はみな自民党田中派に所属した国会議員たちであった。……結局、民主党への期待とは、かつての自民党への回帰となるのだろうか。古い政治へ戻ることになるのだろうか[10]」。ただこれは、かならずしもそうとは言えない。

ひとつは小選挙区制度の問題である。いまさらながらだが、中曽根康弘はこう述べている。「小選挙区制度では、公認権を持つ党の執行部が議員の生殺与奪の権を握っているわけで、議員の行動の自由が非常に狭くなっていました。言論も狭くなって、異色の人物が出てこなくなった。だから日本の政治が貧困になってしまった……中選挙区制に戻したほうがいい[11]」。こうした小選挙区制度がもたらす党内の中央集権システムを、これまでもっともフル活用したのが（皮肉にも小選挙区制反対論者の）小泉純一郎であった。「刺客」を送り込み、かつての自党候補をたたき落とすなどということは、中選挙区制では不可能な技である。二〇〇九年総選挙において、小沢が党内を整然と統制し選挙を闘えたのも、この選挙制度のおかげであった。かつて自民党田中派は最大一四〇人の議員を抱えていたが、ほぼ同じ数の議員を自派に糾合することになる小沢への権力の集中は、その比ではないと思われた。

もうひとつは、今回の小沢民主党が、かつての自民党型の集票機械《マシーン》と旧社会党、民社党系労組の集票機械《マシーン》を両輪に据えたことである。この組み合わせは、一九九三年以前にはありえないものだった。九三年政変において、小沢らがもっとも困難を覚えたのが日本社会党の安保・自衛隊政策であった。しかし九三年以後の政界再編の中で日本社会党は「自滅」し、そしてこれまでの自民党政権が、海外派兵の定着、有事法制の制定など「露払い」をしてくれた。かつて小沢が掲げた「普通の国」はかなりの実現をみたのであり、極端な右派を排除さえすれば、この「両輪」をもとに組織的な選挙を展開することが可能になったのである。

だが、「(古い)自民党への回帰」という説にはうなずける部分もある。ただそれはシステムの回帰ではなく有権者、とりわけ選挙の帰趨を決する〈中間層〉が、構造改革の「現実」を目の当たりにしたいま、かつての自民党型政治と〈社会〉を想起しつつあることについてである。これまで論じてきたような小沢の政治手法は、かかる〈中間層〉の意識動向に焦点をあて、その「同意」を調達する上で妥当なものだったと思われる。

三　新自由主義への違和感

普通選挙制度を採用している国ならばどこでも、新自由主義改革を遂行するためには投票者の多数の「同意」を調達しなければならない。しかしながら、富の上層への集中をめざす新自由主義は「国民的」な統合原理をもちえないから、選挙多数派を説得するのには多大な困難をともなう。だから新自由主義は実践上、新保守主義という異なった統合原理と手を結ぶのだ。ただ、それでも安定的な統治と新自由主義の貫徹を両立することには、どこの国も成功してはいない。たとえば労働組合の組織力、産業行動力を大幅に後退させることに成功したイギリスのサッチャリズムにしても、「教育、医療、社会サービス、大学、国家官僚、司法の分野に手を付けるのは困難」であったし、自党の中核支持層の保守的な意識とも対決せざるをえなかった[12]。新自由主義は、冒頭の節で述べた日本の高度成長のようには、過去を「忘却の淵」に追いやるだけの「国民的」な統合規範力をもちえないのだ。

九〇年代以降の漸進的な新自由主義改革と、急激な小泉構造改革の影響が本格的に〈社会〉を変容させて以降、新自由主義に対する「違和感」のようなものが社会意識として普及してきた。ただ、「違和感」をもつには、「親和感」を抱く「参照点」が必要である。この「違和感」と「親和感」については、酒井隆史が早くからこう述べていた。「自民党の守旧派議員が出てくると、政治家らしくてホッとする」と言う友人がいる。彼の言う「政治家」とは「〈社会的〉理性をともかくも一片は有している人間のこと」であり、そして「日本ではこの〈社会的〉理性はヨーロッパにおけるような〈社会的連帯〉の理念によってよりは、自民党政治によってパターナリスティックなかたちで表現されてきたように思われる。たとえば田中角栄に代表されるように、自民党がある程度担ってきた周縁層への再分配政策が地縁・血縁を土台にして実現されたように。(13)」

こうした「違和感」のもち方は、二〇〇〇年代に入った頃から一定の層で共有され、時を経るごとに広がったと思われる。いわゆる「左翼」の中でも、野中広務や亀井静香、古賀誠といった保守政治家に一定の親近感を抱く者は数多くいる。そして二〇〇九年総選挙で小沢民主党は、この「違和感」がとりわけ中高年の〈中間層〉に幅広く共有されているとみなし、そこに網をかけようと試みたと思われる。その一例が、以下の民主党マニフェストの冒頭の一節である(ちなみに、岡田代表のもとで闘われた二〇〇五年総選挙の民主党のスローガンは「日本を、あきらめない!」)。

命を大事にすることも、ムダづかいをなくすことも、「当たり前」のことかもしれません。しかし、その「当たり前」が、壊れてしまっているのです。
母子家庭で、修学旅行にも高校にも行けない子どもたちがいる。病気になっても、病院に行けないお年寄りがいる。全国で毎日、自らの命を絶つ方が百人以上もいる。……一体、この国のどこに政治があるのでしょうか。

この一節は、「当たり前」とされるものの「崩壊感覚」に、諭すように訴えている。しかも「当たり前」とされるものの内容は明示されておらず、そこは有権者の〈常識〉に委ねられているのである。「シンボル」を明示し、〈政治〉に向けて〈社会〉の日常感覚の特定部位を結集することがポピュリズムの技法であるとしたら、この文章は逆に、〈社会〉にある日常感覚そのものに〈政治〉が投網をかけているかのようである。この投網を「ドブ板」によって引き寄せるという作業は、「劇場型」の刺激に慣れきったマスメディアの射程には入らない。

こうした「当たり前」の〈常識〉が「古い」自民党政権と〈社会〉であることを、では証明できるのかと言われると、空気をつかむようなことで難しい。いま挙げられるのはせいぜい、この間「論壇」などで、こうした〈常識〉にのっとる穏健な保守と「左派」との邂逅がすすんでいることだ。しかもそれが、「左派」が保守に一方的に寄りかかるかたちで「安心」を得るというような「邂逅」であるところに、〈常識〉の規範力の強さがうかがえる。かつては「企業社会批判」の闘士だった佐高信が、いまや「田中角栄のダーティーなところを除きつつ再生することが大事」と述べる時代なのである。[14] こうした時代に、旧田中派の政治家たちが政権に返り咲いたのは偶然なのか、必然なのか。

以上のように、小泉と小沢は、政治手法においても、担い手とする〈社会〉あるいは〈社会像〉においても根本的な違いがある。しかしそれは、かつての時代のシステムへの回帰ではない。今回、民主党は新自由主義に「違和感」をもつ〈中間層〉の意識を巧みにつかんだが、他方、新自由主義からもっとも被害をこうむった層の「怒り」や要求を掬いあげているわけではない。[15]「分権的」な中選挙区制度とは異なり、小選挙区制度は「票田」としての〈中間層〉の政治的重要度を高めている。そしてこの階層がもつ〈常識〉は、酒井隆史が先の引用文で述べているように、〈社会的連帯〉の理念をもとに構築されているわけではないのである。

四 〈常識〉とはいかなるものであったか

エリック・ホブズボウムが「黄金時代」と呼ぶ第二次世界大戦後から一九七〇年代初頭にかけての先進国では、「国民」の生活様式と価値規範はそれまでと大きく変わっていった。「黄金期」には「社会的埋め込み、個人と社会のナラティブの高い確実性、逸脱者や移民やよそ者の同化を指向することが当然視」されるようになった。[16] フォーディズム的蓄積体制を土台とした国民国家と保革二大政党政治は、高い安定力と統合力をもった。

しかしながら、この「黄金時代」のあり方は国によってかなり構造が違っていた。とりわけ日本は、七〇年代から八〇年代にかけて「日本特殊性／礼賛論」が浮上したように、七〇年代初頭に他の先進国でこの「黄金時代」が終焉するのを尻目に、経済成長と安定的な政治・社会支配体制が持続したのである。この「日本特殊性論」のイデオローグである村上泰亮は、戦後保守支配の安定化の基盤としての〈新中間大衆〉の出現を指摘していた。

村上は、戦後の「大繁栄期」を迎えた先進資本主義国には共通して「行政化・平等化・反ブルジョア化」の傾向があるという。これが諸国の階層構造に重大な変化をもたらしているのだが、とりわけ日本ではその傾向が顕著である。たとえば所得の次元では、欧州でブルーカラーとホワイトカラーの区別が依然存続しているのに対して、「日本の場合には……平等化の傾向が顕著」であり、文化の次元でも欧州では差違が残存しているものの、「日本ではいずれの現象も非常に弱い」とする。そして「戦後の先進産業社会に生じつつあるのは、各次元での階層化の非斉合化、非構造化というところにある。……かつて全次元にわたって下流と明確に区別されていた『中流階級』が輪郭を失っている。生活様式が、ホワイトカラーとブルーカラーや農民との間で区別できなくなっている」。さらに「このような現象は戦後の日本ではとくに明らかであって、身なりや話し方には何らのちがいもない。このような状態では、大半の人々がもはや自らを下層とは意識しえなくなり、……伝統的な意味での中流階級の輪郭は消え去りつつあって、階層的に構造化されない厖大な大衆が歴史の舞台に登場してきた」と結論づける。(17)

また村上は、こうした「階級」の溶解現象の根拠のひとつとしてエスニシティを取り上げている。欧州で区別が残っているのは、「歴史的惰性と同時に……少数民族や新規移民の存在であって、……〔それが〕従来の労働編成を温存する結果を招いて」いる。他方、「このような少数民族問題の少ない日本では、ホワイトカラーとブルーカラーの区別がいち早く弱まろうとしている」。(18)つまり日本では階級的、エスニックな「異質性」が組み込まれていない、〈同質社会〉が形成されたということだ。ところが、この〈同質性〉はある種の「集団性」や連帯とは無縁なものである。それは、村上がこうした〈同質性〉を、組織された資本主義に適合的なものとして積極的に肯定していくことに示されているように、(19)資本蓄積を阻害する要因が徹底的に排除されたという意味での〈同質性〉だからである。欧州における高度成長期の大衆社会の形成は、それまでの「異質性」をある程度組み込んだものだった。そうした文化と歴史性を継承し再構造化された社会的・階級的連帯をもとに強力な労働組合運動が展開し、それが福祉国家を形成する源になった。他方、日本の場合はそうした「労働者社会」を押し潰すかたちで「市民社会」が形成されたため、「連帯」ではなくひたすら「企業への忠誠」によって「生き残り」をはかる〈社会〉が形成された。[20]藤田省三が「安楽への隷属」と名づけたこの〈豊かな社会〉は、[21]過剰な競争と、非同質的なものの徹底的な排除に支えられた〈社会〉である。そして、この〈同質社会〉は村上の言うような「平等」なものでは決してない。この時代、企業や地域社会の中では、民族、出自、性別、思想に基づく差別は、〈同質〉イデオロギーによって不可視化されながらも厳然と存在していた。「抵抗」「拒否」「不服従」の営みから「自由」や「権利」が実質化されていくことは果たされなかった。デモやストライキといった直接行動による政治的意思表明が姿を消し、〈政治〉が「一票」のみに縮減されていったのも、この時代である。確かに、田中角栄ら当時の保守政治は分配政策をおこなった。しかし、それは「平等」や公正に基づくものではなく、余剰資本の一国内での「はけ口」としての開発主義政策であった。その結果もたらされたのは、「ムラ」から日本社会の秩序原理を説き起こそうとした政治/民俗学者・神島二郎を驚嘆させた、農村社会における消費文化の席巻と画一化である。[22]

強力な資本蓄積により出現した「豊かな社会」に支えられた、この〈同質〉イデオロギーは、その土台が崩れるなかでいまや収縮しつつある。しかしそれでも、新自由主義改革による〈社会〉の分裂に対する一定の「違和感」を政治的に表明するだけの力はまだ有している。ただ、このイデオロギーの中から新自由主義に対する本格的抵抗力や、社会的公正と連帯を希求する論理と力を引き出すことはできない。というのも、この〈常識〉は、今後せりあがってくるだろう異質な「階級」や「エスニシティ」に対しても――ましてやそれが権利、自由、公正を掲げて闘うならばなおさら――「違和感」を表明するだろうからである。山口二郎は「院外の運動やデモ、ストライキなどの国民の直接行動によって国民意思を発露させ、政治を変革するルソー的ロマン主義が根強く生き延びていた」おかげで、これまで政権交代はできなかったという。(23)まさにその通りである。この「ルソー的ロマン主義」が〈常識〉から排除され、不可視化されているおかげで、小沢民主党のヘゲモニーはやすやすと構築しえたのだから。

新自由主義による〈社会〉の分裂に対して抵抗しつつ、しかし〈社会〉の〈同質性〉に対しても抗わざるをえないという二重の困難と課題をわれわれは背負っている。「日本型大衆社会」に対して「階級」の視角から批判的に論じてきた後藤道夫は、自律した生活と文化を成長させていく能力をもつ「要素」としてのアナキズム思想・文化の重要性を強調している。(24)このことは、新自由主義改革により「日本型大衆社会」が収縮した現在においても変わらぬ意義を保っている。というのも、こうした「自律」という堡塁なき新自由主義批判は、国家、ナショナリズム、そして〈常識〉の肯定へと、ただ引き寄せられていくのみだからである。市場原理主義破綻の衝撃は、いまや読売新聞主筆の渡辺恒雄が唱えるほどに「社会民主主義」あるいは「福祉国家」の地位を上昇させているかにみえる。(25)しかし、この〈常識〉そのものの組み替えなき「社会民主主義」あるいは「福祉国家」は、一時的な「ばらまき」による弥縫《びほう》以上の何をももたらさず、結局のところ、より洗練された新自由主義と、この〈常識〉の地金から噴き出る同質的／排外主義的保守主義による統治に道を譲ることになるだろう。

このように、二〇〇九年の政権交代は、〈社会〉が抱える困難と課題がいぜん変わらないということを浮き彫りにした。そして、この困難を克服するという営みは、かつて「経済成長」によってひきつぶされ、アッケラカンと忘却の淵に追いやられた別の「過去」と別の〈常識〉を取り戻すことと、固く結びついていることを明らかにしたのである。

注

（1）藤田省三「現代日本の精神」（『全体主義の時代経験』岩波書店、一九九四年）一〇四頁。
（2）齊藤純一「感情に作用する政治について」（『世界』二〇〇九年九月号）一〇四頁。
（3）本書第1章参照。
（4）前掲、齋藤純一、一〇五―一〇六頁。
（5）「東京新聞」二〇〇九年八月二九日付、二八面。
（6）渡辺治『政治改革と憲法改正――中曽根康弘から小沢一郎へ』青木書店、一九九四年、三八七頁。
（7）土屋敬之「民主党政権を内部告発する！」（『WiLL』二〇〇九年一〇月号）四〇―五三頁。土屋の言う「偽装」とは、二〇〇九年七月段階まで民主党マニフェストにあった「外国人参政権、選択的夫婦別姓、元慰安婦への補償、国立追悼施設の建立」などが選挙直前にマニフェストから姿を消したことが、国民の目を欺こうとしているということを指す。また伝聞として、菅直人代表代行が「土屋を除名しろ」と言っていることをとりあげ「私を除名処分するならば、公開の場で合理的説明とディベートを実施」し

「闇から闇へ葬るな」と訴えている。

(8)「朝日新聞」(電子版) 二〇〇九年八月四日付。

(9) 立花隆「自民党の破滅」(『週刊文春』二〇〇九年九月一〇日号) 四一頁。

(10) 上杉隆「民主党よ、驕るなかれ」(『週刊文春』二〇〇九年九月三日号) 二九頁。

(11) 中曽根康弘・渡辺恒雄「自民党政治はいつ終わったのか」(『文藝春秋』二〇〇九年九月号) 一六七頁。

(12) デヴィッド・ハーヴェイ『新自由主義——その歴史的展開と現在』渡辺治監訳、作品社、二〇〇七年、八六―八七頁。

(13) 酒井隆史「失われゆく〈社会〉——改革が踏みつぶすもの」(『世界』二〇〇一年一〇月号) 五九―六〇頁。

(14) 寺島実郎・佐高信「政党ではなく政策を軸とした選択肢が求められる時代がくる」(『週刊金曜日』二〇〇九年八月二一日号) 一五頁。

(15) 今回の選挙について、派遣切りをされた人のインタビューや調査をおこなった一般紙誌は、筆者が見逃したものももちろんあるだろうが、「東京新聞」と『週刊SPA!』しかなかった。前年のリーマンショックによる「派遣切り」に際してはあれだけ騒いだにもかかわらず。「東京新聞」二〇〇九年九月一日付「こちら特報部」による元派遣労働者への取材によると、「裏切られた怒りが募る彼らは民主党に、同党の圧勝を嫌う人は共産党か社民党に投票」し、「本来は民主党にいれるはずが、ブレーキ役を期待して共産、社民両党に投票した人が少なからずいた」という。この選挙で共産、社民両党は議席を維持したが、とりわけ共産党については、こうした階層の票を新たに吸収することで、得票数／率をほぼ維持したと考えられる。

(16) ジョック・ヤング『後期近代の眩暈——排除から過剰包摂へ』木下ちがやほか訳、青土社、二〇〇八年、四一頁。

(17) 村上泰亮「新中間大衆の時代」一九八〇年(『村上泰亮著作集』第五巻、中央公論社、一九九七年所収)一九六―二〇三頁。
(18) 前掲、村上、二一一頁。
(19) 前掲、村上、二一一頁。
(20) だが、あっさりと「異質」な社会・文化が消滅したのではなく、そこには「ラグ」があったという指摘もある。大窪一志はこう指摘する。高度経済成長は急速な農村分解と都市への人口集中をもたらしたわけだが、その過程では、農村の共同体から解き放たれて都市に移動したものの、それに代わる共同体を見いだせずに疎外感や孤独感に苦しめられた「青年層」が存在しており(こうした中小企業の青年像は一九七〇年前後の映画には少なからず見いだせる。たとえば初期の『男はつらいよ』〔一九六九年～〕、『若者たち』〔一九六七年〕などである)、こうした青年層の多くを吸収した中小企業では六〇年代後半にかけて争議は活発化していた(大窪一志『素描・一九六〇年代』同時代社、二〇〇八年、三八九―三九〇頁)。しかし渡辺治によると、こうした「周辺」に存在した「異質」な文化世界は、オイルショック以降、中小企業の下請化がすすみ民間大企業の支配様式が持ち込まれることで、本格的に支配的イデオロギーに包摂されていった(渡辺治『企業社会と国家』青木書店、一九九一年、一七〇―一七一頁)。
(21) 藤田省三「『安楽』への全体主義」(前掲『全体主義の時代経験』一三―一四頁)。「……『安楽への隷属』は、安楽喪失への不安にせき立てられた一種の『能動的ニヒリズム』であった。……会社への依存と過剰忠誠、大小の全ゆる有力組織への利己的な帰属心、その系列上での国家への依存感覚、それらが社会全般にわたって強まって来ているのは、其処に由来する。この現状の中では、例えば会社への全身的な『忠誠』も、不安に満ちた自己安楽追求の、形を変えた別の現れに他ならないから、そこには他人に対する激しい競争や抑制の無い蹴落としが当たり前の事として含まれている。……本能的に存在している『喜びへの衝動』は、競争者としての他人を『傷つける喜び』となって現れる。『喜び』の病理的変質と倒錯が此処に在る。社会的なつながりはズタズタになる。」
(22) 神島二郎『磁場の政治学――政治を動かすもの』岩波書店、一九八二年、xx－xxi頁。
(23) 山口二郎『政権交代論』岩波新書、二〇〇九年、四五頁。
(24) 後藤道夫「階級と市民の現在」(『モダニズムとポストモダニズム――戦後マルクス主義の軌跡』青木書店、一九八八年)一七一頁。また、この〈同質社会〉が高度成長後に「構造化」されたということを「エスニシティ」の視角から批判的に分析を加えているものとしては、尹健次「日本の国際化と単一民族イデオロギー」(『異質との共存――戦後日本の教育、思想、民族論』岩波書店、一九八七年、三一―四九頁)があげられる。
(25) 前掲、中曽根・渡辺、一七一頁。「……民主党は反米や反安保、反自衛隊のような左翼社会主義者を排除して、自民党は市場原理主義者を排除する。私は、社会民主主義的な社会保障制度の充実をするべきだと思っている。」

民意
is here.

3章　反原発運動はどのように展開したか
——3・11から首相官邸前抗議まで——

一　三月一一日以後のデモの新たな形成

二〇一一年三月以降、新たな担い手により拡大した「反原発運動」は、三月一一日以前の運動と一定の連続性がある。同年一月、二月には山口県の上関《かみのせき》原発反対運動が佳境に入り、一月二一日には「上関原発に反対する一〇代の会」による山口県庁前でのハンガーストライキがおこなわれていた。二月二一日には上関現地で阻止闘争が取り組まれた。三月四日には三〇〇人の院内集会が開催され、三月一一日の建設工事中断まで緊迫した闘争がくり広げられていた。

また、二〇一一年三月一一日の東日本大震災と原発事故は、「運動」という観点からすると、かならずしもその「はじまりの日」とは言えない。とりわけ東日本地域に住む人びとにとっては、地震、津波、原発事故、余震、計画停電など立て続けに起こるアクシデントを受けとめるので精いっぱいな状況が続いた。そして、それに対する対応はさまざまで、家庭や職場で対立が生じることが多くあった。被災地や首都圏からの避難や、食品、水の放射能汚染への懸念をめぐって議論や対立が起こった。原発事故の影響がどこまで広がるかが不透明ななか、政治に対する不信は急速に膨らみはしたものの、どのような要求を掲げ、どのような方法で訴えていくのかについては、復興の目途さえまったく立たないなかで、出口の見えない状況が続いたのである。

こうした未体験の領域の中で、ひとつの方向性がぼんやりと輪郭をあらわすのには、ほぼ一カ月の時間を要したと思われる。

それでも、全国の少なからぬ人びとは——これまで社会運動に参加したこともない人びとを含め——政治への不信と怒りを表明する場を懸命に探し求めていた。三月二七日、銀座で「STOP六ヶ所村再処理パレード」がおこなわれた。これは長年おこなわれている月例デモで、普段は三〇人程度しか参加しないが、この日は一二〇〇人が参加した。このデモの主催者は感動で涙し、ある参加者は「どこかにデモがないかとインターネットで必死に探して参加した」という。同じ日には名古屋で浜岡原発反対デモが三〇〇人の参加でおこなわれている。また同じ日に新宿中央公園では、震災を受けた石原都知事の花見の自粛要請に抗議して文化人が呼びかけた「花見大会」に数百人が参加している。これらのデモや集会の参加者の多くは、かならずしも主催者の訴えや要求、スタイルに賛同したわけではない。人びとは、震災と原発事故以後、日本社会を覆った閉塞感をなんとか打破し、一緒に悩みや苦しみを共有する仲間を見いだす「きっかけ」を求めていた。

震災から一カ月後の四月一〇日、東京では二つのデモがおこなわれた。芝公園の集会とデモには、従来から活動していた市民運動を中心に二五〇〇人が集まった。それに対して高円寺で開催された「原発やめろデモ!!!」には、およそ一万五〇〇〇人が集まった。この高円寺のデモでは、インターネットで情報を得た比較的若い層のデモ初参加者が多数を占めた。また、デモ申請人数（五〇〇人）の三〇倍の人数が集まり、警察側の警備対応が機能不全におちいったために、規制された隊列デモとは異なる解放空間がくり広げられた。この高円寺のデモが創りだした自由な空間と、各人の自発的な意思に基づいて参加し、各人が思い思いのスローガンを叫び、そして路上に広がり運動を社会に向けて「可視化」していくという、多様性に基づくそのあり方が、これまでの街頭デモのイメージを変えることに大きく寄与した。事実、このデモの参加者の中から、のちに首都圏でデモを開催することになるメンバーの多くが輩出されていく。また、このデモが成功したことで、その後の反原発運動の「モデル」のひとつがつくられた。この高円寺のデモが他の既成団体のデモに比べて数と求心力において圧倒的な優位を示したことで、そのスタイルは、これまでも活動してきた市民運動や、新たに叢生してくる地域レベルの脱原発の運動のあり方にも大きな影響を与えることになった。

3・11の原発事故後の数カ月は、全国的な世論ではまだ「脱原発派」は少数派であり、この数十年にわたって日本社会に蓄積されてきた、直接行動に対する忌避感はいまだ払拭されていなかった。たとえば、二〇一一年四月二四日に代々木公園でおこなわれたアースデイにあわせて環境NGOを中心に「エネルギーシフトパレード」がおこなわれ、およそ五〇〇〇人が参加したが、アースデイの参加者が十数万人であることを考えると、環境問題への関心と直接行動への参加の間には、いぜん大きな壁があったことがわかる。高円寺の「原発やめろデモ!!!」は、こうした「少数派の運動」という状況下で、「多数派形成に向けた参加の回路」を開いていく方法論を提示した。またこのデモは、直接行動に参加したことがない人びとに参加の回路を開いただけではなく、新たに運動に参加してくる人びとの自発性を梃子《てこ》に求心力を高めることで、歴史的にある市民運動・反原発運動間の対立や反目を、かなり封じ込めることに成功した。二〇一一年九月一九日の「さようなら原発集会」での六万人の参加、また二〇一二年七月一六日の「さようなら原発集会」での一七万人の参加への道筋は、こうした新たな大衆的デモンストレーションの登場によって、つけられることになったのである。

　また、このような高円寺のデモの典型は、二〇一一年の世界的な運動潮流にも触発されていた。二〇一一年六月一一日に開催された「第三回原発やめろデモ!!!」は、新宿アルタ前広場を三万人の群集で占拠した。この「広場を群集で埋め尽くし、空間を占有することで運動を可視化する」というビジョンは、同年二月に起きたエジプト革命におけるタハリール広場の抗議運動をモデルにしたものであり、のちに米国で拡大したオキュパイ運動が試みることになる抗議形態だった[1]。エジプト革命におけるタハリール広場、新宿アルタ前集会、オキュパイ運動におけるズコッティ公園、いずれの運動も、空間を領有したことのみならず、主導的なグループや組織が存在しないこと、あくまで自発的な民衆の自由な交歓が前景化したところに共通点が見いだせる。さらにこれらの運動には、既成の革新勢力が長期的な衰退傾向にあり、いずれの勢力も主導権をとれない状況下で、運動の「ハバ」が「スジ」を凌駕していったという共通の傾向もある。二〇一一年以降の反原発運動は、このようなかたちで世界的な運動潮流の一環をなしていたとも言える。これら世界各地の運動が生じた原因やきっかけは異なりはするものの、既成の政治的権威、社会的権威、組織的権威を刷新しようとする民主主義への希求がインセンティヴになっていたと思われる。したがって、二〇一一年以後の反原発運動の成長の要因は、単一課題を追求したことそのものよりも、むしろ単一課題の追求が旧来の社会勢力を新たなものへと新陳代謝し、諸個人、諸集団の結合と練成を促すことで、政治への対抗と変革に向けて人びとの参加機会を開いていく、民主主義的な集団形成のプロセスにこそあると思われる。

二　警察のデモ規制は変化したか

このような街頭デモの大衆化は、では、それを規制する警察側のあり方にも変化を及ぼしたのだろうか。

デモ規制を管轄する警察の、ここ数十年のデモに対する捉え方は、基本的に「国民多数派」から隔離された特定党派・特定団体とその周辺層による行動というものであり、「団体規制／警備」の範疇で規制／取締りを執行してきた。そしてこの従来型の規制方針はいまなおあり、反原発運動関係では、たとえば大阪では現在までに通算十数人の逮捕者が出ている。また、これまであまりデモがおこなわれていなかった地域では、警察による権威的なデモ妨害がおこなわれているケースもある。たとえば二〇一二年一二月一一日に開催予定だった静岡県三島市の「さよなら原発デモ」は、衆議院議員選挙公示期間中にあたるという名目で、所轄警察側から、集団行動をしない、脱原発とわかるデモのプラカード、ゼッケンの禁止、拡声器の禁止などの法的根拠のない条件をつけられ中止に追い込まれている。[2] このような事例が、地域レベルでほかにもあることは想像に難くない。

だがこうした事例を踏まえても、やはり警察のデモに対する見方、規制のあり方には変化があったと思われる。現代警察は国家の治安装置であると同時に、「国民警察」として国民的正統性を確保する必要にも迫られる。そして運動が大衆化し「国民化」していく過程で、政府の見解と警察の見解にズレが生じ、警察が国民的な合意を重視しようとした事例は過去にもある。一九六〇年五月、国会周辺で日米安保反対運動が高揚するさなか、政府と警察の間で運動への見解の違いが顕在化した。政府があくまで運動を「一部の政治勢力」のものと見るのに対して、治安当局は、運動がたんに党派的なものではなく国民の広い支持を得つつあることを捉えていた。このとき政府は治安閣僚懇談会で警察に対して警備の強化を要求したが、警視庁や国家公安委員会は、警察による規制の限界を述べて「事態の政治的解決」を主張していたのである。[3]

このような政権と警察の見解と対応のズレが現在生じうる背景のひとつには、二〇〇九年の政権交代により、長期にわたる自民党政権下での政・官の一体構造が途切れたことも挙げられる。だがそれ以上に、原発問題というこれまでになく国論を二分する課題に、警察が国民的正統性を確保しつつ、どのように対処するのかが問われたのである。これは警察対応に当たっていた著者の経験にすぎないが、二〇一二年に入ると警察側から「自分たちは政府と国民の中立の立場にいたい」と主張されたことは少なからずあった。

先述した通り、二〇一一年六月一一日に開催された「原発やめろデモ!!!」は三万人の群集で新宿アルタ前を占拠した。これに警戒感を抱いた警視庁は、二〇一一年九月一一日にふたたびアルタ前開催を予定した「原発やめろデモ!!!」のデモコースを東京都公安委員会の指示で強制的に変更し、アルタ前へのデモ参加者の接近を阻止するために一二名を逮捕した。この大量逮捕に対しては、批評家の柄谷行人らを中心に文化・知識人アピールが出され、国内外のメディアで警察に批判的な報道が相次いだ。

こうした警察批判の高まりが、どの程度警察の方針に変化を与えたかをうかがえる資料は乏しい。だが、警察の反原発運動への見方の変化については、二〇一一年の反原発運動を概観した警察庁長官官房審議官・沖田芳樹の次のような見方が傍証にはなるだろう。沖田はこう述べている。「〔反原発デモは〕原発あるいは放射能問題という、一般市民にとって非常に身近で喫緊の問題がテーマになったことから、若者や女性、子供連れの方も多く参加している。こうしたことから、一般市民のデモ参加に対する心理的ハードルが低下している。これまでは、どちらかというと組織の判断の下に組織として参加する者が多かったが、個人の判断に基づき、それぞれの思いを持って取り組んでいる者が増えている」(4)。この九月一一日の大量検挙の後、「原発やめろデモ!!!」はいったん中断することになり、その一ブロックであったドラム隊が「怒りのドラムデモ」を企画していく。大量逮捕への非難を受けてか、このドラムデモへの警察の規制が著しく緩くなったと、少なからぬ参加者が証言している。実際、所轄警察の指揮者が「任せておけ」と請け負って、わざわざ分断されたデモの梯団どうしをつなげたりもした。

また、現在のデモの特徴のひとつとして、かつての組織内部のコミュニケーションとは異なり、ツイッター、フェイスブックなどのソーシャルネットワークが活用されていること、またデモの会議がツイキャスなど動画配信で公開されたりもしていることが挙げられる。デモは企画過程から実行段階まで分散的かつネットワーク的に展開しており、かつてのように組織中枢の情報源を押さえれば全体像がわかるというものではなくなっている。このこととデモの大規模化を受けて、警備警察の規制方法はこれまでの組織対応から、主に「雑踏警備」へとシフトし、さらに世論の動向を注視して、強硬な法執行ではなく政府による原発問題の「政治的解決」に委ねる姿勢に傾いたと思われる。

二〇一二年三月から一年以上継続し、十数万人の参加で三度の路上解放を実現した「金曜官邸前抗議」での逮捕者が、路上解放時の騒乱状態で逮捕された二名(不起訴・三日後に釈放)ということからも、国民世論を受けて警察がかなり慎重な対応に終始していることは明らかである。「金曜官邸前抗議」ではドラム隊が、多いときは一〇〇人規模で楽器を鳴らしながら官庁街の歩道を「移動」し、関係官庁に抗議アピールをする。この無届けによる集団的示威行為は、東京都公安条例に照らせば「違法」とみなされかねないが、警察は誘導などの警備対応はするものの、行為そのものを禁止することはしていない。また、建物の周囲の草木に直接バナーを置くことは許さないが、竿に挿して直接草に接触しないならOKといった、さまざまな独自の基準を現場の裁量で設定するなどしている。官邸前抗議では時を経るにつれさまざまな企画や行動が催されるようになったが、これらは主催者や参加者による警察との粘り強い駆け引きと交渉を通じて「グレーゾーン」を拡大した結果実現したのである。

なお、二〇一二年末に原発を推進する自由民主党が政権に返り咲いたことで、デモに対する警備が強化されるのではないかという見方があったが、二〇一七年現在もその兆候はない。そしてこのことは、反原発運動がいまも国民世論と強く結びついていることのひとつの証でもある。

三　デモはどのようにして全国化／地域化したか

東京を震源に拡大したデモは、政局と呼応しつつ、また地域的な差異をともないながら、複雑な経路をたどり全国化／地域化していった。二〇一一年四月にはデモは全国に広がりはじめ、六月一一日の全国一斉行動には百数十箇所でデモがおこなわれている。また、かならずしも大都市圏や原発立地県のデモが大きいわけでもない。原発立地県でもなく大都市圏でもない群馬、栃木、長野などでは二〇〇〇人以上の規模のデモがおこなわれている。震災以降二年半以内に、すべての都道府県で少なくとも一度は反原発デモがおこなわれているが、各自のスタイルは実に多様かつ不均等で、各地域の既成の社会運動勢力の力学などにも大きく左右されている。また「典型」になったデモは高円寺の「原発やめろデモ!!!」だけではない。二〇一一年四月から有志が毎月渋谷で開催していった「ツイッターデモ」は全国各地に普及していった。東京から各地への避難者が、次々にデモ立ち上げの中心を担っていったという。デモ申請といった手続きや告知の仕方を誰でもできるようシンプルに伝え、デモを主催すること、参加することの敷居を下げることを意識したこのデモのスタイルは、デモの経験のない人びとが主体的に参加する回路を切り開いた。

またデモは、地域を越えた反原発運動のつながりを生み出した。たとえば「沿線」である。政治学者の原武史は、東京都の中央・総武線沿線におけるデモの広がりが共通の社会風土の上にあることを指摘している。「自治体や政府にものを言う無党派的な政治風土は……中央線沿線に共通している。東日本大震災に伴う原発事故の直後の二〇一一年四月に高円寺で始まった脱原発市民デモが、たちまち中央線沿線へと広がり、国立では市内で何度もデモが行われているのも、決して偶然ではあるまい。」(5)

二〇一一年暮れ頃から、高円寺でおこなわれていた「原発やめろデモ!!!」の参加者たちは、杉並区の住民や住民運動とのつながりを深め、そこから「脱原発杉並」が結成された。二〇一二年二月に、杉並区の住民を中心に五〇〇〇人規模の地域デモを企画することになるこの「脱原発杉並」は、誰でも参加可能で、会議の模様はネットで公開し、すべて一からその場で意見を出し、議論し決めていくという――二〇一一年の米国のオキュパイ運動を想起させる――参加型の合意形成を重視するスタイルを採った。この「脱原発杉並」の実行委員会にはつねに一〇〇人前後が参加し、「会議そのものが民主主義実現の場」になった。この会議に参加した小田原琳《りん》はこう感想を述べている。

噂にたがわぬおもしろさ……まずデモコースの選定で、この道は狭いとかつまらないとか救急病院のそばだからじゃまになっちゃいけないとか、極ローカルな知識がみなさんから大噴火。なのに、デモと同日に開催される地元のわりと大きいイベントの情報が今ごろ出てきてみんなで頭を抱えたり（笑）あげくのはてには教育委員会に後援をたのみに行くという無茶っぷり！　とにかくそんな感じで、自由に発想し、自由に発言しておられます。……ひとりあるいは少数がものすごく知恵と配慮を働かせて一貫性のある議論をつくりあげていくのとはちがって、時間はかかるけれども、問題意識の共有度は格段に高くなるだろうと思います。……ほんとうにいろいろな方が会議に参加されていましたが、議論も関係もどんどんホリゾンタル〔水平的なもの――引用者〕にしていこうという姿勢を見るのはたいへん清々しかったです。

こうした杉並区の住民ぐるみの運動スタイルは、次に隣の中野区にも広がり「脱原発中野も」が結成された。さらに遠く総武線沿線の千葉県船橋市にも広がり、中央・総武線をまたぐ「黄色い電車連合」というつながりがつくりあげられるに至った。ただ詳細に見てみると、このつながり方も多様である。同じ中央線沿線にある国立市のデモについては、デモの参加主体は国立の従来からある住民運動とは異なる、非正規雇用層の新住民――杉並周辺の文化領域に近いアーティストなどを含む――が中心である。これらの新住民の多くは、杉並／高円寺の運動とは人的な交流があり、経験の交流も活発におこなわれているが、にもかかわらずデモや集会のあり方はかなり異質である。さらに、中央線に隣接する、東京と埼玉を結ぶ西武線沿線もまた異なる発展を遂げた。二〇一二年六月の「金曜官邸前抗議」が大規模化していく過程で結成された「反原発西武線沿線連合」（反西連）は、沿線の各駅間のネットワークの拡大を重視していった。二〇一三年四月二七日には、西武線各駅で宣伝行動を展開する「反原発西武線一〇〇駅アクション」がおこなわれている。

このように地域レベルで展開されたデモのスタイル、つながり方は個性的かつ多様である。そしてこれらは、電子ネットワークや官邸前抗議といった中央デモを介して出会い、重層的にかつインタラクティブに交流を深めている。そしてこのようなネットワーク型の集団形成がなされたことで、反原発運動は誰かの「専売特許」に帰することもなく、一貫して状況をリードする組織的主体も登場せず、「状況」に対応し消えてはあらわれる運動が相互に触発し混合しあいながら、より大衆的な参加の機会を広げる無数の回路を張りめぐらせていったとも言えるのだ。固定化を抑止し、急速に展開する状況に柔軟に対応する、この反原発運動全体の分散的かつ有機的な結合様式が培われていたからこそ、二〇一二年六月から始まる反原発運動の急速な「政治化」に柔軟に対応し、大規模な参加を実現することができたと思われる。

二〇一二年七月の一カ月間の全国のデモ参加者は、のべ一〇〇万人以上に達した。この七月の運動を象徴したのは「金曜官邸前抗議」ではあったが、この抗議を担った「首都圏反原発連合」(反原連)は、六〇年安保闘争時の「安保共闘会議」とはまったく異なり、全国の運動に対して指揮命令権があるわけでもなく、動員指令を出したわけでもなかった。それどころか反原連は、「全国各地で金曜抗議を」という「呼びかけ」すらしていない。にもかかわらず、全国一〇〇カ所近くで「金曜抗議」が自発的におこなわれるようになった。これまでデモに参加してきた人びと、これから参加しようという人たちが、自分の県や地域で自ら「抗議先」を特定し、行動の呼びかけをおこなったのである。

こうした転換のプロセスがあまりにもスムーズであったため、現在からみればごく自然におこなわれたかのように見える。しかし各地域の人びとにとっては、3・11以後の運動のあり方からすると、これは大胆な転換にほかならなかった。3・11以後二〇一二年半ばまで全国の運動は、特定の地域的な課題を抱えたところを除けば、基本的に「記念日」の一斉行動に呼応するか、それぞれの事情に合わせてデモをおこなってきたのであって、全国的な政局に対応するというものではなかった。それを一挙に、しかも誰からも命令されることなく、政局に対応するかたちに転換し、全国一斉の行動を組み上げていったのである。もちろん、原発の再稼動への危機感がこうした転換を促した要因ではある。また、この時期にマスメディアがやっとデモを取り上げはじめ、それが行動の集中を促したこともある。だが等しく重要なのは、マスメディアに頼ることない地道な地域運動が、全国でネットワーク的に蓄積されていたこと、そしてその力によって、この一年間で原発をめぐる世論を逆転させたこと、つまり運動が政治的な力をもつ実感がすでに共有されていたことが挙げられる。そして、このようなデモの「拡散モデル」は、二〇一五年に大規模化した安保法制反対運動で再現されることになる。

　この官邸前抗議が大規模化する半年前、二〇一一年一二月二六日に朝日新聞がおこなった世論調査では、「デモには政治を動かす力があるか」という問いに対して「ある」との回答が四四%に達していた[6]。また留意すべきなのは、反原発運動はこの金曜行動に収斂したわけではなく、これまで通りの地域での街頭デモも活発におこなわれていることである。七月、八月はやや少なめだが、九月に入ると各地でふたたびデモが活発化していく。一〇月一三日には、東京・日比谷公園の「さようなら原発集会」の参加者が六五〇〇人なのに対して、北海道の「さようなら原発集会」には一万二〇〇〇人が参加している。もはや反原発デモは東京の「中央集会」が最大というわけではなくなった。政局の変化の中で金曜官邸前抗議の参加者は縮小傾向に入っていったが、全国的にみれば直接行動の底上げは着実にすすんだのである。

四　「デモ」のゆくえ

これまで述べてきたように、二〇一二年における反原発運動の大規模化は政治的高揚から反射的に生じた一過性のものではない。それは新たな社会状況に深く根ざし、何よりも、深く広く人びとの自発性に依拠するなかで育まれた民主主義的な感性と関係性の成熟に裏づけられている。またこの運動は、二〇一二年に入ると鹿児島、山口、東京の知事選挙における脱原発派の統一候補の擁立、超党派的な脱原発議員や首長のネットワークの構築、そして民主党政権を脱原発の方向に傾かせるという「政治的成果」を上げた。これだけの短期間で、ここまで急速に政治の重心を運動の側に引き寄せ、かつ政治過程を揺り動かした事例は、日本の社会運動史上ごく稀にしかない。確かに、二〇一二年一二月総選挙における自由民主党の圧勝は、ふたたび政治に上から「古い殻」を覆いかぶせはした。また二〇一三年六月二六日に朝日新聞がおこなった世論調査では、「デモには政治を動かす力があるか」という問いに対して「ある」との回答が二八％と、一年半前よりも一六ポイント低下している。(7)だがこれは、反原発デモがもっとも政治的効果を発揮した時点から一年を経ても、デモに直接参加していない人びとを圧倒的に含む三割の人びとが、依然としてデモに力があると感じている、つまり高い水準でデモの社会的「定着」がすすんでいると解釈できる。旧弊な政治の覆いの内側で、新しい種子は発芽し、いまも無数の根を張りめぐらせようとしているのである。

二〇一一年三月一一日以降、大規模な運動を目の当たりにするたびに何度も「いまが運動のピークではないか」と、古い経験と実感に基づく予想が少なからず立てられたが、すべて的を外してきた。わたしたちは、ほんの数カ月後の局面すら見通せない転形期の渦中にいる。歴史的に形成されてきた政治的・社会的統合の揺らぎと亀裂の広がりは、原発問題にとどまらず、今後も確実に続いていく。その中でただひとつ明確なのは、この反原発運動の経験を通じて集団的に考え、ともに行動していくための新たな民主主義的な経験が相当に育まれてきたことである。日本における街頭デモは、今後も政治的・社会的攻防の象徴的実践として、さらなる進化を遂げていくだろう。

注

（1）二〇一一年の世界各地の運動については、主に以下のものを参照した。デヴィッド・グレーバー『デモクラシー・プロジェクト』木下ちがやほか訳、航思社、二〇一五年、スラヴォイ・ジジェク『2011　危うく夢見た一年』長原豊訳、航思社、二〇一三年。Mike Davis, 'Spring Confronts Winter,' *New Left review*, Nov-Dec 2011 (editorial). http://newleftreview.org/II/72/mike-davis-spring-confronts-winter

（2）「一二月一一日、三島『反原発デモ』は中止!!!」http://blog.goo.ne.jp/save-child-izunokuni/e/428901c7d9097d8b12481bbeaca67150（二〇一三年六月二九日確認）

（3）日高六郎『一九六〇年五月一九日』岩波新書、一九六〇年、二一〇―二一一頁。

（4）沖田芳樹「我が国における反グローバリズム運動等への対応」（『警察学論集』第六五巻五号、二〇一二年五月）二七―二八頁。

（5）原武史『レッドアローとスターハウス――もうひとつの戦後思想史』新潮社、二〇一二年、三九二―三九三頁。

（6）「朝日新聞」二〇一一年一二月二六日付。
（7）「朝日新聞」二〇一三年六月二六日付。

4章　第二次安倍政権の発足
――開かれた「野党共闘」への道筋――

一　3・11以後の思想と運動――反レイシズム運動の登場

日本における社会思想のひとつのあり方として、「思想の交通整理」と呼びうるものがある。「所与」の知識や理念の星々をつむいで鮮やかに「全体」を描き出すということの方法論は、論壇世界と結合し、思想界のひとつのパターンをつくりあげてきたように思われる。これは「現状分析」と不可分であった既成のマルクス主義に対して、「現実的」なる夾雑物《きょうざつぶつ》を排し「思想の自立」を打ち立てることに成功した。他方で、そのことによって「実践の中から思想は生まれる」という思想的な態度は後景に退けられたように思われる。

こうした思想的態度は「ポストモダン」と名指される領域に顕著ではあるが、他方で性質は異なるものの「左翼」の思想全体にも少なからず当てはまる。九〇年代に入り、マルクス主義的な支配構造分析が周辺化されるのと入れ替わるように、左翼思想の中で次第に影響力を増した「アイデンティティポリティクス」がこうした傾向に拍車をかけた。アイデンティティポリティクスが——あくまで一面においてであるが——思想的／実践的自閉におちいりがちなことに呼応するかのように、さらには八〇年代後半の労働戦線の「統一」による総評型労働運動の解体と、九〇年代における日本社会党の解体をはじめとする「運動としての左翼」の大幅な後退と大衆性の剥落に対応するかのように、左翼思想も閉塞がすすんだ。

本来「実践の中から生まれる」はずの左翼思想は、閉塞することにより所与の観念に引きこもり、現実のダイナミズムの中で思考する回路を閉じてしまったように思われる。そうした自閉領域の中では、言説や思想がラディカルか否かにはさしたる意味はない。社会と切断された「左翼アイデンティティ」領域に引きこもっている限り、いくらでもラディカルなことは言えるからだ。だからそれは「狼の皮をかぶった羊」にすぎなかった。この徹頭徹尾所与性に安住した態度は、結局のところ「正しい」(正確には「われわれ左翼」が正しいと思う)認識をもたない実践は無意味であり、むしろ害悪であり、そんなことをするくらいなら「寝ていたほうがましだ」という倒錯した態度に、時には帰結したのである。

ところが「3・11以後」の激動の中で、こうした思想的態度の予定調和は次第に揺らぐことになった。そして「実践の中から思想は生まれる」という理念は、これまでの知識人世界の外側から生まれ出ることになった。もはや外国の「偉大な知識人」の言葉の引用の羅列には誰も振り向かなくなった。所与のイデオロギー分析の焼き直しで状況を捉えようというやり方は、ただちに陳腐化したのである。

『金曜官邸前抗議』の著者である野間易道《やすみち》は、「金曜官邸前抗議は『器』である」と指摘する。(1)「器」の中にはさまざまな潮流が渦巻いている。そしてこの「器」は、官邸前抗議だけではなく、さまざまな対抗的な運動や、運動にいまは直接参加していない人の情念や怒り、不安や不満も包み込んでいる。そしてこの「器」は未定型であり、大きな器もあればより小さな器もあり、マトリョーシカのように重層的で、時間と共通化されていく経験の蓄積の中でくり返し変形を遂げている。にもかかわらずそれは「器」なのである。つまりそれは主体的に構築／再構築される「器」であって、所与の「器」ではない。

今日、この「器」に向き合う態度には大きく言って二つあるだろう。「この器の『形』をただひたすら気にして倦《う》んで」いるか、それとも「この器から出てくる『何か』を果敢につかみとろうとするか」である。前者の態度は具体的に言えばこうである。二〇一三年に入って急速に大衆化した反レイシズム運動に対して、「～でなければならない」という己の固定観念に当てはめて指弾するというものだ。前者はつねに「問う側」で傍観し、「問われる側」として主体的に実践することはない。

二〇一三年の春、反レイシズムの運動が活性化していくさなか、反原発運動を中心に活動するある人がこう言っていた。「昨年（二〇一二年）末に、当時の政治情勢なら二〇一三年の二月あたりに、これまでのシングルイシューと違う、マルチイシューのデモをやったらいいんじゃないかって言いましたよね。でもそれはやらなくてよかった。いまの反レイシズム運動を見て、人びとの動機にきちんと内在して打ち出さなきゃならないということがよくわかった。そのままマルチイシューの運動をやっていたら、行き詰まっていたかもしれない。」

確かに、二〇一三年春頃の状況から振り返れば、この人の二〇一二年暮れの段階での判断は「結果的に」は間違っていたかもしれない。だが二〇一二年の末、つまり官邸前抗議をはじめとする反原発運動の急速な大衆化がある一方で、選挙結果では自由民主党が圧勝するという状況下で、政治的敵対性を高めるために「マルチイシュー」を打ち出すのを考えることそのものは間違いとは言えない。ここで大事なのは、ある局面における判断が正しかったか間違ったかが問題の要点ではないということだ。要点はその人が「かならずしも自分が思った方向に運動がすすまなくても、その結果を受け入れ、かつそこから学ぼうとしていること」にある。むしろ、ある時点での判断や結果に固執し、それを後付けで批評し「問うこと」に固執する態度は、後述するように3・11から現在まで一貫して変わることがない、統治の不安定さと未来の不確定さに特徴づけられる今日の流動的な展開過程では、思考停止しかもたらすことはないのである。

そして、こうしたダイナミズムをつかみ、構造的矛盾を政治的敵対へと高める上での判断の力は個的なものではない。それは、この間の社会運動で蓄積されてきた集合的な力にほかならない。結局のところ、この間、自分たちの所与の領域の外側にいる人びとや集団とどれだけ対話し、「問われ」、実践を共有したかによって、その力は測られる。とりわけこの二年半の間に「器」が大きくなり、「内輪世界」が崩されていくなかで、どれだけ外へ外へと向かってアプローチし「別の世界」を理解しようとしたかによるのだ。個々の判断違いや失敗、あるいは「器の違い」に延々固執する「減点主義」

と、それを集団的に包み込んで力にしていく「加点主義」との違いが、まさに前者の「問う側」と、後者の「問われる側」の態度の決定的な違いである。

二〇一二年の暮れ、わたしたちは解散総選挙による自由民主党の圧勝と、極右的イデオロギーをもつ安倍政権の成立を目の当たりにした。それまでの一年半の反原発運動をはじめとする社会運動の蓄積と広がりにもかかわらず、まるで排外主義的極右運動が勝利したかのような機運が生じたのである。ところが年が明けると、このような極右政権が始動し、しかも高い支持率を誇っているにもかかわらず、間髪入れず大衆的な反レイシズム運動が始動したのである。これは誰にとっても「予想外」であり、主体的な働きかけがなされたにしろ、それはほんのひと握りの人びとが、ちょっとしたトリガーを引いたのにすぎなかった。それにもかかわらず、この運動は特定地域を越えて各地へと自発的に広がり、それまで不可視化されていたレイシズムの問題を政治的・社会的に可視化し争点化することに成功したのである。なぜ、いまこの局面でこうした運動が起きるのか。これが二年間の反原発運動をはじめとする諸運動と、どのような関係にあるのだろうか。これこそが「問われる側」の方法論からの、二〇一三年の社会運動と政治をめぐる「問い」である。

本章ではこの「問い」に対して、二つの視角から回答を試みる。第一は、二〇一二年暮れの衆議院選挙で政権を奪取し、二〇一三年七月の参議院選挙で議会内安定多数派を確保した自民党政権の性格についてである。大規模な社会運動の後に保守政治が回帰するという政治的バックラッシュの経験は世界にも数多《あまた》あるが、日本では一九六〇年の日米安保反対闘争と三井三池争議直後の、自由民主党の総選挙での勝利がそれに当たる。だが「二度目」に当たる今回のそれは、まさに「笑劇」にほかならないのである。第二は、かかる保守政治のあり方に対応する社会運動の展開と性格についてである。政治的勝利にもかかわらず、保守政治の統治の困難はますます深刻をきわめており、統治の空隙《くうげき》は社会運動が台頭する潜在的可能性をつねに開いているのだ。

二　保守政治の困難

受動革命としての一九六〇年

日本社会党、原水禁、総評などが「安保改定阻止国民会議」を結成した一九五九年三月から安保条約が自然成立した六〇年六月にかけて闘われた「日米安保反対闘争」は、日本史上最大かつ最初の「組織化された大衆運動」であった。この運動を牽引したのは総評をはじめとする労働組合であり、学生運動や住民運動、サークル運動がそれを取り巻くかたちで数百万人を動員した。この運動には一九五〇年代に闘われた反基地運動、また教育二法や警察官職務執行法反対運動といった、さまざまな価値観をもつ運動の担い手が合流したわけだが、この社会運動が大衆的な広がりをみせた争点は、かならずしも安保条約の是非ではなかった。当時の首相であった岸信介の反動的・戦前復古的な姿勢への国民的拒否感こそが、この運動の政治的敵対性を高めあげたのである。したがってこの運動は、一九六〇年五月二〇日の衆議院での強行採決から一挙に広がりをみせることになった。この強行採決が「民主主義の破壊」と国民に広く受けとめられたからである。

六〇年六月一九日に条約が自然成立し、七月一九日に岸内閣が総辞職したのを契機に、この運動は急速に収束していく。このとき多くの革新陣営の知識人や活動家は、来るべき選挙ではこの大規模な大衆運動が、かならず革新政権樹立の礎《いしずえ》になると確信していた。ところが同年一一月二〇日におこなわれた総選挙では、その期待に真っ向から反して自由民主党が勝利したのである。

こうした「政治反動」をもたらした主体的原因は、もちろん革新勢力の側にもある。だがこの「反動」を可能にしたのは、むしろ保守政治の側の主体的転換にほかならなかった。この安保闘争の過程で、自由民主党内部のヘゲモニーの転換が起こった。岸信介周辺の戦前復古派は岸内閣の総辞職をもって力を失い、池田勇人、大平正芳、宮澤喜一らのいわゆる「経済成長重視派」が台頭した。彼らは安保闘争を「共産主義者の煽動」とはみなさず、自民党岸派の「非民主主義的な手法」が批判されたものと状況を捉え、日本国憲法の価値観の国民への浸透をある程度承認した上での統治――憲法改正をめざさず、日米同盟のもとで経済成長を重視していく「低姿勢」路線――をめざしたのである。一一月総選挙での自民党の勝利は、まさにこの「低姿勢」により、社会運動側が引き上げた敵対水準をひたすら引き下げることによってもたらされたのである。このように安保闘争は、岸信介に代表されるような保守政治の統治技法を打倒することに成功した。他方で保守政治の側は、かかる反動的統治技法を、支配層内部のヘゲモニーを転換することで捨て去り、経済成長をリソースにした再分配に集中することで安定的統治をすすめるという、A・グラムシの言葉を借りれば「受動革命」をなし遂げ

たのである。(2)

そしてこの六〇年代から政界再編が始動する九〇年代までの自民党は、日米安保体制のもとで一国平和主義的に経済成長を実現するという、いわゆる「安保繁栄論」をイデオロギー的な結束基盤に、企業支配と開発主義を両輪に多元的な支配システムを構築した。中選挙区制のもと各派閥は党内で激烈に競合し、それが社会内部の諸階層の要求を——革新勢力よりも深くかつ広く——掘り起こし、その見返りに政治的支持調達回路を無数に張りめぐらせるという、柔軟かつダイナミックなヘゲモニー体制をつくりあげた。族議員と官僚のネットワークは「絶対に政権交代が起こらない」保証のもとで、きわめて安定的かつ合理的に機能した。これこそが、自民党による議院内閣制のもとでの長期的な一党支配を可能にした力の源泉だったのである。

こうした政治過程を顧みると、現在の政治状況は一見その反復であるかのように思える。だが一九六〇年当時の「組織化された社会」における彼我の攻防が、経済成長による社会移動の加速に対応する「再組織化」のヘゲモニーをめぐるものであったのに対して、現在の「組織化されていない社会」における彼我の攻防においては、かかる「再組織化」の展望を誰も持ちえていない。ポピュリズムが生じる政治的空隙は構造化され、主体的な営為によるその噴出の可能性は、あらゆる方向に開かれている。現在の保守政治は、こうした政治的空隙を再組織化することが叶わず、争点化をただひたすら回避することでその維持を図ろうとしているのである。

忘れられたポピュリスト

橋下徹が率いていた日本維新の会は、いまや「忘れられたポピュリスト」である。二〇一二年末の総選挙における五四議席の獲得を一応のピークに、その後各種選挙で事実上の敗退を重ね、ついには地元大阪の堺市長選で敗北したことで、それ以降は頼みのメディアの扱いも徐々に減少し、いまや地域政党としての地位に甘んじている（その後、総選挙での敗北と分裂、大阪住民投票での敗北を受け橋下は党代表を辞任し、二〇一六年からは東京都の「小池ポピュリズム」の陰に隠れ、さらに存在感は希薄になっている）。こうした橋下ポピュリズムの凋落は、議会レベルでは二〇一三年からのようにみえるが、そのはじまりは少なくとも二〇一二年六月の大飯《おおい》原発再稼動の容認の頃にさかのぼる。

政治的ポピュリズムの生命力は、「調整に基づく政治」に対して、（政治的・経済的・社会的資源を）「持つ者」と「持たざる者」の間の敵対性を構築できるかどうかにかかっている。[3] この敵対性の形式を徹底させたのが橋下徹の政治手法にほかならない。橋下はまさに新自由主義的な改革に合致した方向で、この「持つ者」と「持たざる者」の敵対性を引き上げることで求心力を拡大してきた。だが、形式重視の手法は内容の首尾一貫性と矛盾を来す。つまり「形式」（どのように敵を設定するのか）と「内容」（何のために敵を設定するのか）は偶然にしか合致しないからである。橋下が大阪府の構造改革を推進する一方で「脱原発」を唱えたのは、関西電力という「持つ者」と「持たざる者」の間の敵対性を喚起することが、自らの政治的支持の調達につながることを鋭く察知したからである。他方で橋下は、従来から学校での日の丸掲揚、君が代斉唱を推進していた大阪の右派系市議を早々に切り捨てている。政治局面の変化に的確に対応し、敵対性のサイクルを絶やさないためには、「小回りが利かない」イデオロギー的右翼はむしろ邪魔な存在であって、状況変化に対応しやすい「秩序だったまとまりのなさ」を維持することが優先されるからだ。橋下の内容軽視は、鳴り物入りで出された維新の会の「船中八策」――内容はなんらの新味をも欠く、ただの寄せ集めにすぎない――を、さっさと「党の政策ではない」と投げ出してしまったことにもあらわれている。このように、橋下の形式重視の敵対性は、公務員や教育といったネオリベラルな改革に合致した権威主義的な方向に働くだけではなく、状況によっては支配層の政策にも向けられかねない攪乱的な性格を有している。橋下が機敏に脱原発を訴えたのは、もちろん信念からではまったくなく、ここに敵対の線引きをすることが支持の調達につながると察知したからであり、さらに、この原発をめぐる政治的紛争に「巻き込まれる」ことで立場の曖昧さを露呈してしまうのを機敏に回避したからだ。これが、橋下の権威主義に反発するリベラルや左派だけでなく、少なからぬ権威主義派、あるいは保守派までもが橋下への警戒心を顕わにする理由である。

そして、こうした「形式重視」の姿勢は、橋下が国政進出を展望する段になって矛盾を深めることになった。国政進出を果たし保守政治の一角に食い込む上では、原発再稼動の容認は「内容的に」不可避だったからだ。だが、そこで妥協したことが、それまでの形式的一貫性を挫いたのである。二〇一二年六月、首相官邸前や全国で原発再稼動に抵抗する運動が敵対性を発揮し求心力を高めつつある一方で、妥協した橋下は、芸能文楽の「既得権益」バッシングに走っていた。実際、橋下の支持率はこの妥協を契機に徐々に低下していくことになった。その後、石原新党との野合・合流は自由民主党との差異化を困難にし、さらに総選挙における国政への進出は、橋下のイメージを「一政党の党首」へと格下げした。そして二〇一三年五月の「従軍慰安婦」問題での一連の発言である。これが橋下の凋落の画期と言われているが、ただこれは歴史認識をめぐる問題としてよりも、実は安全保障上——アメリカの対アジア戦略上——橋下が「攪乱分子」とみなされたことこそが、凋落の決定打であった。政治学者シャンタル・ムフが述べるように、ポピュリズムが政治的意思決定への参加という民主主義の理念をなぞる以上、人民主権こそがその究極的な要求である(4)。「日米同盟」のもとでの日本の対米従属は、その点においてポピュリズムとは敵対的である（そしてこの人民主権に基づくポピュリズムは、辺野古新基地建設反対を一致点とした沖縄の政治が発揮していくことになる）。橋下の「従軍慰安婦」発言の支離滅裂な覆いの下には、このような日本の安全保障をめぐる究極の敵対性が——本人に自覚があるかどうかはわからないが——潜んでいたのである。このように政治的妥協をくり返し、最終的には政治支配の根幹にふれることで、橋下のポピュリズム・ゲームは次第に陰りをみせるようになっていったのである。

「低姿勢」の限界

二〇一二年は、この橋下政治と、反原発運動をはじめとする社会運動の「二つのポピュリズム」が席巻／競合した時間であった。もちろんこの「二つのポピュリズム」は、要求や組成や動員の内容においてまったく異質なものであり、かつ敵対関係ですらあるが、「民主主義的」な理念のもと「調整に基づく政治」に真っ向から対立し、（政治的・経済的・社会的資源を）「持つ者」と「持たざる者」の間に明確な対立軸を設定することで求心力を高めた点においては、いずれもポピュリズムの資質をもっているといえる。

この「二つのポピュリズム」に、まず打撃を被ったのは現在の野党勢力である。すでに鳩山政権の崩壊から始まっていた、政権与党である民主党の権威失墜は二〇一二年に頂点に達し、権威の空白がますますポピュリズムに力を与えた。そして、分裂と選挙での敗北をくり返すことで、民主党は少数政党へと転落した。また、みんなの党、社民党、生活の党といった諸党も分裂を経験、あるいは分裂含みな状態であり、日本維新の会は自滅した。こうした現在の野党勢力への不信が政治そのものへの求心力を低下させたこと、そして相対的に「無傷」であった自民党が低い得票数にもかかわらず浮上し、政権獲得後は金融緩和と財政投入という景気対策の「唯一の選択肢」を前面に押し出すことで、二〇一三年参議院選挙の勝利と「ねじれ国会」の解消につながったことは、多くの論者がすでに指摘している通りである。

しかしながら、こうした自民党優位の政権運営は、統治そのものの安定をまったく保障してはいない。それにはいくつかの要因がある。第一に、六〇年安保当時の自民党の「受動革命」を可能にしたリソースが欠如していることである。二〇一二年暮れの総選挙で自民党は、いったん民主党に奪い取られていた農協や医師会などの組織票の奪還に成功した。しかしながら、そうした「足場」そのものがすでに構造改革を経て先細っている。二〇一三年度後半に入り、安倍政権が高支持率を誇っているにもかかわらず、千葉市、さいたま市、川崎市、神戸市といった大都市を中心に自民系候補が敗北あるいは苦戦を強いられたのは、保守勢力の政治的な組織化が一向にすすまず、「橋下ポピュリズム」を生み出したような政治的空白が依然として大きく口を開けていることを示している（この政治的空白を埋め合わせるために、安倍政権は維新の党との連携に走り、さらに東京都下では小池百合子のポピュリズムに苦しめられることになる)。

第二に、安倍政権の正当性が景気対策という「シングルイシュー」に依拠している点である。安倍政権は原発推進を掲げているが、小熊英二によれば、自民党投票者の七割は脱原発志向である。[5] TPPや米軍基地問題などもあわせ、経済政策をのぞく個別政策についての安倍政権の支持率は決して高くない。

そして第三に重要なのは、現政権への不満やギャップを吸収し、政治的に統合し、政治的敵対性を議会制のゲームの中に埋め込むことで統治に安定と均衡を与える「保守二大政党制」が瓦解したことである。この「統治の安定」を早くから重視していたのは、橋下徹を「ヒトラー」と罵倒し「二つのポピュリズム」に嫌悪を顕わにしていた読売新聞社主・渡辺恒雄である。渡辺はかねてから、大衆迎合的な小選挙区制度を廃止し中選挙区制度を復活させること、また保守政治の支持基盤の先細りを補完するための「連立政権樹立」を主張しており、実際二〇〇七年の福田康夫政権では、小沢民主党との大連立を仕掛けた。二〇一二年には橋下ポピュリズムの台頭に対抗するため、自民・民主の保守派を結集した「中型連立」を提唱していた。[6] 確かにこの渡辺の目論見通り、橋下ポピュリズムは勢力を失い、自公連立政権が安定過半数を握ることで「統治の安定」は確保されたかにみえた。しかしながら、第一、第二の要因で挙げたように、保守政治による有権者の組織化と同意調達の基盤がきわめて脆弱なままの小党乱立状態は党派間の競合を引き起こし、二大政党制が可能にする「調整に基づく政治」を困難にしてしまうのである。そしてそこに、時には保守的なポピュリズム、そして時には社会運動の力が効果を発揮する空隙がつねに生じることになる。[7] このようにして社会運動が具体的な政治的効果を発揮し、それがまた運動の求心力を高めるという3・11以後の社会運動の潜在力が、のちに「野党共闘」を成立させる道筋を切り開くことになったのである。

そして二〇一三年は、おもに反原発運動が育ててきた「器」の中から、まったく異なる課題の社会運動が生まれ出ることになった。

三　二〇一三年の社会運動の展開

反原発運動

二〇一二年七月の反原発運動の参加者数は、全国でのべ一〇〇万人を超えた。原発再稼動をめぐる政治的攻防の浮上、一年半にわたる反原発運動の蓄積、そして民主党政権の分解といういくつかの要因がクロスしたことで、六〇年安保以来の大規模な社会的動員が実現した。こうした大規模な動員は、数カ月のうちに徐々に収束していくことになる。そもそも百万単位の社会的動員が数カ月以上続くことは、歴史上にもありうることではない。そして再稼動が強行され民主党政権が崩壊したことが、運動側からの政治的回路を閉塞させたことも大きい。しかしながら、その後の展開は六〇年安保闘争とは決定的に違った。六〇年安保が条約の自然成立後に急速に収束したのに対して、この運動は持続し、さまざまな社会運動が生まれる「器」としていまも機能している。

毎週金曜日に官邸前でおこなわれている「金曜官邸前抗議」の参加者は、二〇一二年暮れ頃までの万単位の参加者から千人単位まで減少しているものの、二〇一七年七月現在も続いている。週単位の抗議活動が五年以上継続し、つねに千人単位の参加があるというのは歴史的にも稀であろう。原発推進派である自民党の政権復帰は、「グレーゾーン」でおこなわれているこの抗議への警備体制の強化を招くかと思われたが、いまのところ変化はない。参加者が減少はしたものの、こうした政府側の様子見の対応は、依然としてこの抗議行動が国民世論の動向の指針として機能していることを示している。また定期的におこなわれる大規模集会の参加者も、二〇一二年六月二日の国会大包囲には六万人、一〇月一三日の国会包囲にも四万人と、引き続き多くの人びとを結集している。全国的にも地域デモは活発におこなわれている。[8] 一一月二日の福島の集会では七〇〇〇人が参加した。もちろん運動内部ではさまざまな模索がある。二〇一三年九月に全原発が停止し、少なくとも二〇一三年度中は「原発ゼロ」の状態が続く一方で、高支持率に支えられた安倍政権は巧みに世論との対決を回避するかたちで、徐々に原発推進へと舵を切ろうとしている。政治的攻防の焦点は、中央よりもむしろ新潟県といった地方にあり、運動が全国的な政局とクロスし大衆的な動員を喚起する情勢ではいまのところない。二〇一三年後半になると東京では、官邸前ではなくふたたび街頭で、さまざまな工夫をこらしたデモが試みられはじめるようになった。こうした手探りの状態がどのような方向に向かうのか、どのようなかたちで政治的局面とふたたびクロスするのかはわからない。ただ、ここで累積した国民的な不満を「調整による合意」に誘引する「二大政党制」はもはや存在しないのである。こうした局面で「反原発」が人びとの怒りの受け皿になるかどうかは、この三年間の地道な活動とネットワークが培った力にかかっていると言える。

反レイシズム運動

「〔金曜官邸前抗議では――引用者〕汚い言葉で首相や閣僚をののしっていた。官邸の中の当事者たちに直接怒りの言葉を届かせる、というスタイルが共感を集め、多くの人が集まった。近年の市民運動はソフト志向でしたが、人々が本当に怒っている場合には、怒りを共有し、正しい対象に向けて表出できる場が必要なのだと思いました。」(9)

この一文は、この間の反レイシズム運動が、官邸前抗議の「器」から生まれ出たことを端的に言いあらわしている。官邸前抗議は「秩序だった統制された運動である」という一部の評価とは裏腹に、とりわけ政局とクロスした二〇一二年半ばにおいては、人びとの「怒り」を結集した運動にほかならなかった。ここ数年の、「在日特権を許さない市民の会」をはじめとするレイシストによる街頭での非道行為については、もはやここで述べる必要はないだろう。二〇一三年初頭、第二次安倍政権の樹立を寿ぐレイシストたちが、新大久保で韓流ショップ等に対する営業妨害活動を夜郎自大的にくり広げた。この醜悪な行為に対して、Kｰポップファンを中心にネット上で怒りの声が広がった。かかる怒りの渦を「器」とみなし、対決を呼びかけたのが「レイシストをしばき隊」のはじまりであった。当初、営業妨害を阻止するという目立たない活動から出発した「しばき隊」は、SNS上などでレイシストと応酬をくり広げることで明確な敵対線を設定し、そこで喚起される人びとの「怒り」を全面肯定することで求心力を高めていった。新大久保でおこなわれるレイシストのデモに対して自発的なカウンター参加者がみるみる増え、「男組」「プラカ隊」「ダンマク隊」「知らせ隊」などのユニットが叢生し、千人単位のカウンターがデモ隊とほぼ衝突状態になるという状況に発展していった。また、通例なら「騒擾《そうじょう》」とみなされ政治過程に乗ることなどないであろうこの運動が政治への手がかりを得る上で、先の総選挙で二大政党制が崩壊し、野党が小党分立状態になった状況が有利に働いた。小党間の競合と差異化の衝動が激しくなるなかで議員の自由度が増し、こうした運動を政治化する回路が広がっていたからである。(10)

二〇一三年九月八日の新大久保では、レイシストのデモの出発を阻止するため数十人が公道に飛び出し「シット・イン」を敢行した。かれらは機動隊に荒々しく引き抜かれながらも、くり返し路上に身を投げ出したのである。そしてそこには数多くの反原発運動の参加者たちが含まれていた。こうした都市空間における大衆的シット・インは、日本ではここ数十年みられなかったが、少なからぬ参加者たちは、二〇一二年七月の大飯原発ゲート前行動、八月の沖縄・普天間基地ゲート前座り込み行動の経験に、強くインスパイアされていた。この行動に参加した反原発運動の活動家はこう述べる。「自分たちが官邸前で怒りの声をあげているのと、ここでシット・インをやることに、なんの違いも感じなかった。なんの違和も感じずに、そのまま飛び込めた」。およそ表層しか見ることのない「問う側」の輩には理解できないであろう、こうした実感の裡にこそ現在形の「ラディカリズム」の芽は確実に育まれている。

差別扇動デモにNO!
差別扇動デモにNO
NO HATE

おわりに――社会運動のゆくえ

こうした反レイシズムの運動に喚起された人びとが、今度は反原発運動に積極的に参加するようになるといった双方の運動間での交流もすすんだ。しかしながら、こうした運動が労働組合運動などの組織化の強化につながるかというと、そうはなっていない。反原発運動については、実体的には労働組合をはじめとする組織化された運動の系統的なバックアップがあるからこそ持続的な運動が可能なのであり、参加する多くの組合活動家は反原発運動からインスパイアをされてはいる。しかしながら、現在の社会的組成のもとでの組織化・集団化の技法の発展につなげるところには至っていない。二〇一三年半ばから「ブラック企業」が焦点化され批判キャンペーンが活発におこなわれたが、これとても企業統治を職場レベルから揺るがすような動きにはつながっていない。保守政治の側の組織化の困難は、対抗する側の組織化の困難とパラレルな関係にある。組織化の困難から生じるポピュリズムは、空隙が埋まらない限りさまざまな方向からくり返し生じ、政治と社会を撹乱していくだろう。こうした撹乱状況の着地点がどこにあるのか、「統治の安定化」の道筋がどうつけられるのか、その回答はいまだ暗幕の向こう側にある。

注

（1）野間易通『金曜官邸前抗議――デモの声が政治を変える』河出書房新社、二〇一二年、一三七頁。

（2）日米安保反対闘争と保守政治の転換については以下を参照した。渡辺治編『高度成長と企業社会』吉川弘文館、二〇〇四年、一五―五二頁。

（3）拙稿「ポピュリズム、民主主義、橋下政治のゆくえ」（『現代思想』二〇一二年五月号、一〇三―一〇六頁）。

（4）シャンタル・ムフ「民主主義の終りと右翼ポピュリズムの終焉」（木下ちがや訳、『現代思想』二〇一二年五月号、九〇―一〇三頁）。

（5）小熊英二・木下ちがや共編者『原発を止める人々――3・11から官邸前まで』文藝春秋、二〇一三年、二八二頁。

（6）渡辺恒雄『反ポピュリズム論』新潮新書、二〇一二年、七〇頁、九一―九二頁。

（7）渡辺治『安倍政権の改憲・構造改革新戦略』旬報社、二〇一三年、八八頁。

（8）拙稿「反原発デモはどのように展開したか」（前掲小熊・木下編、三〇五―三一三頁）。

（9）「『ヘイトスピーチをたたく』レイシストをしばき隊　野間易通さん」「朝日新聞」二〇一三年八月一〇日付。

（10）この反レイシズム運動への「国会議員」のかかわりについては、有田芳生『ヘイトスピーチとたたかう！』（岩波書店、二〇一三年）を参照。もちろん有田の個性も要因ではあるが、半年前まで与党の国会議員であった人物が、ここまでこの「騒擾的」な運動にコミットし機動隊の正面に立つなどということそのものが、特異でありかつ現在の状況を象徴している。

5章　社会運動とメディアの新たな関係
――日本と台湾の選挙から――

一　総選挙――「熱狂なき圧勝」

投票率五二・六六％――二〇一四年一二月一四日に投開票された第四七回総選挙は、戦後最低の投票率に終わった。自公連立与党は憲法改正に必要な三分の二の議席を確保し、安倍内閣は磐石の政権基盤を確立したかにみえる。しかしこの選挙では、解散を後押ししたといわれる読売新聞ですら、一二月一七日付紙面で「『熱狂なき圧勝』浮き彫り」と見出しを付けざるをえないほど、政治、社会、そしてメディアの萎縮が際立ったのである。

今回の総選挙では、一九九三年の「政治改革」以来のメディアと政治の関係が大きく変化した。九三年、反自民・非共産六党の連合により成立した細川連立政権は、リクルート事件に端を発した政治腐敗の一掃を求める世論と、選挙制度改革による小選挙区制の導入と二大政党制確立を掲げた「政治改革」を結びつけ政権交代を果たした。五五年体制の安定的政治統治が崩れ、「ポピュリズム」という概念が政治分析に使われはじめたのはこの頃からであった。

そして二〇〇五年の小泉政権下での「郵政解散」はポピュリズム政治の本格的展開であり、この選挙において当時の小泉首相は、政治過程の中に「世論」をダイレクトに持ち込むことで政治技法の革新を試みた。単一課題を国民に提示してその審判を委ねるという「擬似国民投票」の性格を選挙にもたせ、「抵抗勢力」との敵対を演出することでマスメディアの報道を活性化させ、無党派有権者の関心を高めることで、自由民主党を大勝に導いたのである。

結果、この選挙の投票率は九三年の総選挙以来の六七％台に達した。総選挙中の地上波六社の選挙関連報道時間は実に三二一時間に及んだ。選挙過程におけるマスメディアの積極的参加あるいは活用こそが、この間のポピュリズム政治の特徴だったのである。

これとは対照的に、この二年間の安倍政権は、メディアを抑制し統制を強める策を次々に打ち出してきた。安倍政権は発足後ただちにＮＨＫの会長・経営委員の人事を介して公共放送との「つながり」を強めた。また政権の意を酌んだかのような朝日新聞バッシングは、「赤狩り」を思わせるような、元記者が勤務する大学への脅迫煽動にまで広がった。さらに安倍首相はこの気運に乗じるように、予算委員会で野党の追及に対し、朝日新聞の記事を「捏造」と決めつける攻撃的答弁までしはじめたのである。

もっとも、安倍首相はすべてのメディアを敵視しているわけではない。一部の保守系メディアや、ソーシャルメディアであるフェイスブックを通じて得られる右派的な記事やコメントは愛好している。衆議院解散直後の一一月二四日深夜、安倍首相が自身のフェイスブックで「保守速報」の虚偽の記事を紹介するという事件が起きた。「保守速報」は「韓国へ在日朝鮮人を送り出す方法」といった差別煽動やマイノリティへの攻撃をくり返し、名誉毀損裁判も起こされた極右レイシストのサイトである。この「保守速報」の記事は、ツイッター上で大学生が小学四年生になりすまし自己アピールをしていたことが発覚した件を「民主党が工作」したかのように臭わせる内容だった。安倍首相はこの記事をシェアした上で「卑劣な行為」と大学生を糾弾し、その上で「選挙目当ての組織的な印象操作ではないでしょうが、選挙は政策を競いたい」などと、「保守速報」が臭わせる民主党の関与を肯定するようなコメントをつけた。ヘイトスピーチへの関心が高まっているさなかの首相のこの投稿にはネット上でただちに批判の声が沸き起こり、この件についての「まとめ」が次々作成され、それを受けてか投稿はフェイスブックからいったん削除された。ところが意地になったのか、今度は「保守速報」のリンクを外して同様の内容が投稿されたのである。この深夜のネット上での応酬は、安倍首相が特定の保守メディアのみならず、極右レイシストが発信する情報への依存をますます深めていることを明らかにした。

今回の総選挙はまさに、こうした安倍政権のメディア封じ込めの総仕上げであった。安倍政権には安保外交政策や税制、TPPなどをめぐって潜在的な党内対立が従来からあったわけだが、政権が高支持率を維持することでそれを封じ込めてきた。ところが北朝鮮と拉致問題をめぐる交渉の停滞、内閣改造後の閣僚スキャンダルの頻発、景気後退の露呈、そしてさらなる消費増税に世論が反発を強めることで、党内対立が顕在化し求心力が低下していた。だから、党内増税派を抑え込み消費増税を先送りし、総選挙で絶対過半数をふたたび維持することで、政権の威信を回復する必要に迫られていた。そして総選挙にあたっては、争点を明確化しメディアを動員し有権者の関心を高めた小泉ポピュリズムとは逆に、争点をぼやかしメディア上での論戦を回避し、投票率が下がってでも、とにかく「数の上で多数派をとれればいい」という「非ポピュリズム的手法」がとられたのである。

総選挙公示直前の一一月二〇日、自民党は地上波各社の編成局長・報道局長宛てに「選挙時期における報道の公平中立ならびに公正の確保についてのお願い」という「申し入れ」をおこなった。この文書は、九三年の細川連立政権の成立過程での選挙報道をめぐり、反自民の「偏向報道」があったとして前代未聞のメディア幹部の国会証人喚問にまで発展した、いわゆる「椿事件」を文中で臭わすという、明白な報道萎縮効果をねらったものであった。こうした政権からのメディアへの圧力は、総選挙への国民の関心が低いという状況判断とあいまって、テレビ地上波による選挙報道を激減させた。二〇一四年一二月一九日付毎日新聞によれば、今総選挙中の地上波六社の選挙関連報道時間は三八時間余りであり、二〇〇五年の郵政解散よりも、実に一〇分の一近くにまで激減したのである。

戦後最低の投票率下の「熱狂なき圧勝」は、議会制民主主義の正統性を突き崩し、「議会制」と「民主主義」のきずなを断ち切る、「反動」の名に値する政治が今後展開していくことを予感させた。だが「反動」(reaction)とは、新たな活動(action)が起きたことへの揺り戻しを意味する。つまり、政治社会に新たな対抗関係が芽生えたからこそ、安倍政権はそれを抑え込みにかからざるをえなかったのである。

二〇一三年一二月六日に成立した特定秘密保護法の制定過程では、国会審議半ばから終盤にかけて、審議の拙速さ、指定の権限や範囲の曖昧さによる行政機関の恣意的な濫用の危険性などへの国民的な批判が急速に高まり、一二月五日、六日には数万人が参加した反対運動が国会議事堂前を埋め、全国でも街頭行動や集会が活発におこなわれた。こうした社会統制にかかわる立法への反対運動は、通信傍受法、住民基本台帳法、周辺事態法、国旗国歌法が一挙に上程・成立した一九九九年のそれをはるかに超える規模と威力をもった。

二〇一四年七月一日の集団的自衛権容認の閣議決定に至る過程でも、大規模な反対行動が国会周辺や全国で展開された。いずれについても、リベラル系メディアは社会運動に着目し、反対運動の報道をこれまで以上に展開した。議会内で野党が力を発揮できないなか、リベラル系メディアと社会運動は手を携えて抵抗の支柱を担った。

また「反対」運動だけではない。二〇一三年初頭から台頭した民族的・人種的差別煽動に対抗する反レイシズム運動には、さまざまなかたちでメディアが注目をよせ、「ヘイトスピーチ」は社会問題化された。そして二〇一四年八月の国連から日本政府に向けた法規制の勧告を画期に、与野党が対応を迫られることとなり、総選挙では多くの党がヘイトスピーチの規制あるいは対処を公約として掲げ、選挙報道が萎むなかでも争点のひとつとして少なからぬメディアが取り上げるに至った。このように、3・11以後さまざまなテーマを掲げる社会運動とメディアが新たな関係を結び、政権に対する有力な対抗的勢力になりうる可能性が、この間未成熟ながらも生まれたのである。安倍政権のメディア萎縮戦略は、まさにこうした活動が生じたことへの反動である。総選挙を乗り切る上で安倍政権は、社会運動を介して国民世論と結びつき異議を唱える批判的メディアの封じ込めに走らざるをえなかったのである。

二　社会運動とメディア――台湾における展開

ここ数年、社会運動と政治、また社会運動とメディアが、ダイナミックに新たな関係をつくりあげていくのを、わたしたちは世界中で目の当たりにしてきた。雑誌『TIME』が「抵抗の年」と名づけた二〇一一年は、チュニジア、エジプトの民主革命に端を発した「アラブの春」が中東地域を席巻し、アメリカ合衆国では「オキュパイ」運動が全米を覆った。この年、おもに北半球の各国で発生した大規模な社会運動では、はじめてソーシャルネットワークが多衆結集のためのツールとしての本格的威力を発揮した。民主化運動に立ち上がった人びとは、広場などの空間を占拠することで抵抗運動を可視化させ、その状況を「アルジャジーラ」などのメディアが全世界に生中継することで国際世論を喚起し、一国の民主化運動や抵抗運動が、ナショナルな範囲を超えた訴求力をもつことになったのである。

二〇一四年から、こうした世界的な社会運動の波は東アジアに波及することになった。その火蓋を切ったのは台湾の「ひまわり運動」である。二〇〇八年の台湾総統選での馬英九の総統就任以後、台中関係は急速に接近し、政権は経済的統合に向けてさまざまな改革を打ち出していた。二〇一一年には両岸のサービス貿易協定締結に向けた協議が始まり、二〇一二年には中国寄りとみられるメディア集団「旺旺中時」の買収劇に対する反メディア独占デモが頻発していた。自由貿易による台湾社会の新自由主義化、また中国大陸とのメディア結合による表現・出版の自由の抑圧への恐れが、この「ひまわり運動」を起動させた大きな要因であった。

二〇一三年六月、台湾政府は、日本の国会にあたる立法院の可決なしに中国とのサービス協定を締結した。七月の全国各大学での「青年反服貿行動」の結成、九月の馬英九総統と立法院院長・王金平との政争などを経て、二〇一四年三月一八日、台湾立法院が市民・学生により占拠され「ひまわり運動」が始まったのである。

この「ひまわり運動」と日本とのかかわりについて、ひとつ言及したいのは、台湾でも二〇一一年三月一一日の原発震災を受け、日本と同じように反原発運動が大規模化し、この「ひまわり運動」のプロセスでも台湾第四原発建設反対運動が、立法院占拠に呼応するかたちで大規模集会を開いていたことである。(1) 3・11以後の反原発運動を通じて、日本と台湾の社会運動は急速に交流を深めてきた。お互いにエールを送り、お互いの国のデモや集会に参加し一緒に行動することで、メディアを介さない直接的な交流がすすんだ。こうした経験には、冷戦崩壊後二〇年を経ても、いまだアジアの中で孤立している日本社会のアジア観と相互のつながりを、運動を通じて変えていく可能性が孕まれていると言えるだろう。

本章が焦点を当てるのは、この立法院占拠の後の台湾の社会運動とメディアの関係である。一一月一六日の沖縄県知事選挙で辺野古新基地反対を掲げた翁長雄志候補が圧勝し、総選挙に向けた動きが本格化するさなかの一一月二九日、台湾では「ひまわり運動」後はじめての全国統一地方選挙がおこなわれた。野党・民進党は与党・国民党を大きく上まわる四七・五％の得票を獲得、躍進し市長を倍増させた。また国民党の牙城といわれた台北の市長選では、無所属の柯文哲が五七％の得票で歴史的勝利を収めた。こうした台湾政治の大規模な地殻変動に「ひまわり運動」がインパクトを与えたことは、二〇代、三〇代の投票率が実に七六％にのぼったことをみても明らかである。では、この「ひまわり運動」は、社会運動と政治・メディアの関係をどのように変えたのだろうか。

筆者は日本の総選挙の期間、台湾大学の許仁碩氏とこのテーマについて意見交換をしていた。日本への留学経験がある許仁碩氏は法社会学を専攻する大学院生であり、台湾大学労働組合のオルガナイザーでもあり、「ひまわり運動」では法律支援を務めた研究者・活動家である。以下の叙述は彼との対話をふまえた事実上の「合作」である。「ひまわり運動」を経験した許仁碩氏は、台湾の運動とメディアの関係をどのように捉え、そして日本の総選挙は彼の目にどのように映っただろうか。

台湾の主要新聞社は四社ある。ビジネス優先の「蘋果日報」、親国民党の「聯合報」、親民進党の「自由時報」、親中国共産党とみられている「中国時報」である。またテレビ局は親国民党系が多数といわれている。国民党、民進党の二大政党間には資金力に大きな差がある。二〇一三年の申告によると国民党の党資産は約一〇〇〇億円、民進党は約一七億円であり、国民党は資金力にものをいわせて選挙広告枠をほぼ独占することができる。こうしたメディアの寡頭的支配がこれまであり、民進党が与党のときは国民党系メディアが、国民党が与党のときは民進党系メディアが社会運動を報じるという二大党派間紛争の枠組みの中で、社会運動はメディアにとりあげられてきたのである。ただ、こうした枠組みがありつつも、日本ではＮＨＫに該当する公共放送局「公共電視」が、一九九八年の設立以来政府に批判的立場を貫き、社会運動について踏み込んだ報道をし、世論の信用を獲得してきたことは特筆に値するだろう。

こうした仕切られたメディア状況に対して、とりわけ若年層は不信感を強めており、ネット上で書き込まれる不満は以前から増大していたものの、「郷民（ネットユーザーのこと）はネットで文句を言うだけで、現実に政治を変える力はない」という認識が大勢を占めていた。こうしたネット上の不満を社会運動が現実的な力にしていったことが、統一地方選挙における台湾の政治変動の背景にある。カメラ付き携帯電話、フェイスブック、ツイッターの活用により自らがメディアとして発信することができるようになり、「独立自助の精神」と「立法院占拠」をやり遂げた自信と経験が、「郷民」を動かすようになったのである。

ネットで発信する「公民記者」と独立メディアが増加した。二〇〇七年から公共放送「公共電視」が台湾各地の公民記者を育成し、公民ニュースプラットフォーム「PeoPo」(People Post の意味）を立ち上げ、毎日の昼のニュースでこの「PeoPo」から二つ記事をとりあげるようになっていた。このように独立メディアは以前から存在していたが、この間報道の量と影響力をさらに増大させている。また、主流新聞メディアがネットメディアと連携して、自社サイトで独立メディアの記事を掲載するようにもなった。たとえば「ひまわり運動」では、運動の正確な報道をするために台湾大学メディア大学院の学生たちが「台大新聞Ｅフォーラム」というネットメディアを立ち上げた。主要新聞「蘋果日報」がただちにこれと連携し、Ｅフォーラムの記事を転載した。Ｅフォーラムは現在も、ネット募金からの寄付金を得て活動を続けている。ネット上で資金、仲間、技術と宣伝方法を調達し、議員の罷免、出版活動、政府情報の分析、不正選挙防止、選挙運動など、さまざまな活動が展開されていくことになったのである。このようにメディアの多元性と競合関係が加速したことが、既成メディアの仕切られた枠組みを突き崩し、報道規制を困難にし、社会運動に有利な環境をつくりだしたのである。

今回の台北市長選挙では、こうしたメディアと運動の関係変化が大きな力を発揮することになった。国民党公認候補の連勝文は有力財閥出身者であり、膨大な政治力と資金を持っている。連勝文の選対は伝統的な国民党の宣伝戦略を展開し、対立候補の柯文哲に圧勝するだろうとの事前予測がなされていた。確かにテレビや新聞は連勝文候補の広告で埋め尽くされていたし、討論番組の出演機会もはるかに多かったのである。

これに対し柯文哲はネット選挙を展開した。ボランティアや資金をネットで募集し、多くの社会運動関係者を選対に招き入れた。ユーチューブ、フェイスブックを全面活用し、ネットメディアのイベントにも積極的に参加した。また、選挙関係資料などの情報をほぼネット上で公表し、オフィシャルサイトのアカウントを開放して「一緒にわたしのサイトを作ってほしい」という呼びかけまでおこなった。柯文哲は、政治力と資金がないなかでネットの透明性、対話性、自発性を活用することで求心力を高めたのである。

逆に連勝文は、ネット選挙で求心力を下げてしまった。たとえば選挙参謀の立法委員・蔡正元が記者会見上で「郷民はみな、民進党の『網軍』〔工作員のこと〕だ」などと若者や社会運動に対して暴言を連発し、「郷民」の憤激を買った（のちに国民党が『網軍』を活用していたことが暴露された）。また国民党陣営は、メディア上の発言やCMなどで「嫌韓」を煽った。これは「民進党政権時代に台湾は韓国に経済的に遅れをとった」という国民党の常套的なプロパガンダにのっとった、「民進党が対中サービス貿易協定に反対したために、中国とFTAを調印した韓国に台湾は経済的に負けている」というものだ。これに対して在日台湾留学生などが運営する独立メディア「Japan Broadcast」や独立記者グループ「K-NEWS ONLINE」が、海外の関連報道を翻訳してネットで拡散し、この偏狭なナショナリズム的プロパガンダにファクトで対抗した。こうした反撃の結果、「嫌韓」は市長選の争点にはならなかったのである。また、大企業「鴻海」の経営者・郭台銘は「経済なら国民党、国民党が勝ったら投資する」と発言し、メディアはそれを多く取り上げたが、「郷民」がネット上でこれまで郭台銘が投資についておこなった発言をまとめた「郭台銘のウソの記録」を作成し、何ひとつ選挙後に実現していないことを暴露した。このような攻勢を受け、「郷民」を恐れた連勝文の選対はネット上の選挙広告から撤退し、「郷民」との対話も拒絶したのである。

この結果、二〇一四年の台湾統一地方選挙では、全体投票率が六七・五％であるのに対して、「郷民」の多数を占める二〇代、三〇代の投票率が七六％で全体を上まわるという、日本の総選挙における世代別投票率とはまったく逆の結果をもたらした。社会運動は「郷民」をはじめとした若者層の意識を政治化し、既存メディアの枠組みを突き破るかたちで政治変革を実現したのである。

では許仁碩氏は、日本の総選挙、あるいは社会運動についてのメディアのあり方をどうみたのだろうか。許氏からすると「台湾のメディアより日本のメディアは冷静、理性的な印象が強い」という。台湾ではこれまでも、読者の歓心を得るために特定の立場を打ち出す場合が多かったからだ。したがって「日本の報道と分析のほうが理性的」だとは感じるが、しかし時に「肝要な点にふれない」と感じるという。たとえば、ある政治討論番組に安倍首相が出演したのを見たが、司会者も出演者も敏感な政治問題にほぼふれないのに驚いたという。

また、日本のメディアはほとんどデモを報道しないという。許氏は来日前に日本語を学習するためにNHKを視聴し朝日新聞を読んでいたが、日本はデモが起こらない国という印象を抱いていたという。二〇一一年の東日本大震災の後、台湾人に比べて日本人がいつも政府を信じていて、台湾のような混乱は起こらず、デモや政府への批判もせず、だから安定的な秩序を維持しているのだという「日本礼賛」の報道が台湾では少なくなかった。しかし、ネットで日本のデモ情報を検索すると数多くヒットし、実際にデモはおこなわれている。反対意見・対抗意見の報道が日本ではきわめて少ない。要するに「台湾の報道は世論の感情を汲み取り、意見の多元性が強い。それに対して日本の報道は理性的で、意見の統一性が強い」ように感じると許氏は結論づける。一二月一四日、閉塞感に包まれた日本の総選挙は、許氏の比較分析を際立たせるかたちで幕を閉じることになったのである。

三　日本のマスメディアが問われていること

このように、日本と台湾のそれぞれの選挙は、社会運動勢力からすれば「進歩」と「反動」に方向を違えるという、著しく異なる展開をみせた。だが、こうした対比の根底にある、社会運動を起動させる動因自体には数多くの共通点がある。二〇一一年以後、アラブ革命から香港の雨傘革命まで、世界を席巻した社会運動を担ったのは学生から三〇代の世代である。先進国、第三世界を問わず、かれらは高等教育を修めながらその知的能力に見合う雇用を確保できない、いわゆる「知的不安定層」である。かれらは労働現場ではなく公共空間の中でその知的能力を発揮し、多衆結集の場をつくりあげたのである。総選挙においても、第三極勢力が崩壊し、野党第一党の民主党の権威が失墜したなか、安倍政権との対立軸を提示しえた日本共産党が無党派層の票を吸収したのは、日本社会にも明確な対立軸を求める潜在的な力が渦巻いていることを示している。今回の総選挙の結果は、野党勢力によるこうした民衆潜在力の組織化の失敗によりもたらされた。とはいえ、かかる民衆的力の組織化の阻止を試みた安倍政権が、首尾よく安定的統治をつくりあげたわけではない。議会制民主主義の正統性を代償に得られた勝利は、政治的・社会的対立を先送りしたにすぎず、潜在する矛盾や不満を社会運動が吸収していく潜在的可能性そのものを封じ込めたわけではない。

総選挙のさなかの二〇一四年一二月一〇日、特定秘密保護法が施行された。それは、まるでこのメディアの閉塞状況を象徴するかのようなタイミングだった。施行の前夜と当日の夜、首相官邸前で学生たちが抗議活動をおこなった。その数はせいぜい一〇〇人程度であり、ごく普通の学生が音楽に合わせてコールするそのスタイルは、かつての学生運動とはまったく異質である。だが、こうしたささやかな抗議が同世代の政治意識を喚起していく可能性が、世界的な社会運動の波と呼応しながら広がっていることは、この学生たちの取り組みがわずか半年後に、大規模化した安保法制反対運動の象徴となる「ＳＥＡＬＤｓ」をはじめとする「学生たちの社会運動」へと飛躍したことからも明らかである。日本のマスメディアの萎縮状態は、たんに政治権力によって抑圧されているから生じているわけではない。旧態依然とした政治支配のもとですすむ日本社会の急速な変化への対応ができず、新たに生成する「民意」をつかめていないからこそ生じているのである。日本の「3・11以後の社会運動」、ならびに台湾で展開する新たな社会運動は、マスメディアが「民意」と新たな関係を結ぶための機会と経験をいまも提示しつづけている。

注

（1）台湾「ひまわり運動」のプロセスについては以下を参照。港千尋『革命のつくり方——台湾ひまわり運動—対抗運動の創造性』インスクリプト、二〇一四年。同書では、この運動を世界的な「反グローバリズム運動」の文脈に位置づけて論じている。なお本章のひまわり運動の経緯は、同書の中で許仁碩、鐘宜庭、何時宜が共同作成した年表を参考にした。また台湾の反原発運動のプロセスについては以下を参照。鈴木真奈美「『フクシマ・エフェクト』——『脱原発社会』への道を歩み出す台湾」（『現代思想』二〇一六年三月号、一九四—二〇四頁）。

6章　「選挙独裁」とポピュリズムへの恐れ
——二〇一四年総選挙の力学——

——ポピュリズムは人民・民主主義的審問を、支配イデオロギーに対して、一つの総合的・敵対的な複合体として提示することを本質とするものである、というのがわれわれの命題である。(1)

一　「選挙独裁」

政治学の用語における「選挙独裁」(Elective Dictatorship)は通例「議会多数派による専制」という意味合いで使われる。つまり議会与党が圧倒的数を力に、次々と法案を可決していくような院内政治状況をあらわす。だから、この意味合いならば、わたしたちはすでにこの安倍政権の二年間において「選挙独裁」を経験してきたと言える。他方、わたしたちが二〇一四年一二月の第四七回衆議院議員総選挙のプロセスにおいて目の当たりにしたのは、行政府の長による——他国には存在しない、あるいは稀にしか使われることのない——議会の「解散権」を発動した、選挙独裁確立のための運動であった。

日本政治史上、内閣総理大臣による解散権の行使が選挙独裁の確立に成功した事例としては、一九八六年の中曽根内閣の「死んだふり解散」と、二〇〇五年の小泉内閣の「郵政解散」が挙げられるだろう。そして、衆議院三〇〇議席前後という与党の圧勝をもたらしたいずれのケースにおいても、解散権の行使の目的は与党の多数派の形成、つまり「議会多数派による専制」の確立にあるというよりは、与党内部の諸分派の統制、あるいは党内対抗分子の粛清にこそあったのである。つまり解散権は「(与)党内へゲモニーの確立のために有権者を動員する」ための統治の技法として発動されたのであり、後述するように、安倍晋三による解散権の発動も、まさにこうした先例を踏まえたものだったと言えよう。

解散権の発動とは一種の「上から仕掛けられた運動」であり、マスメディアを媒介とし、ポピュリズム的な政治動員を可能にしうる。二〇〇五年の小泉純一郎による郵政解散は、争点を明確化し、党内における対立を全社会的な対立であるかのように高めあげ、敵対的闘技空間を演出することで有権者の動員に成功した。(2) これにより、投票率が上がれば上がるほど「人民の声」による(与)党内の引き締めと粛清が貫徹するという構図をつくりあげたのである。

小泉純一郎を——少なくともかつては——師と仰いでいた安倍晋三も、この解散権発動の「上から仕掛けられた運動」という特性を、選挙戦の当初は意識していたと思われる。だが安倍は「消費増税の是か非か」「アベノミクスの是か非か」と、小泉流の見よう見真似で腰の座らない争点を次々と打ち出したものの空振りに終始し、結局のところメディアから撤退し引きこもらざるをえなくなった。

自民・公明執行部を狼狽させた、選挙戦当初の「与党過半数で勝利とみなす」という安倍の弱気な発言の裏には、客観的な選挙分析を踏まえたものというよりは、自らのポピュリストとしての資質のなさへの断念と、宿願である憲法改正を前面に打ち出せないことへの苛立ちが込められていた。このとき安倍の脳裏を支配していたのは、もはや小泉ではなく、かつてポピュラーな大衆運動に対抗するために解散権を発動しようとし挫折した、祖父・岸信介の「悔恨」であっただろう。

二　一九六〇年二月一八日の屈辱

そもそも、日本国憲法に規定される「解散権」を「上から仕掛けられた運動」として発動する解釈を強硬に主張し、定着させたのが岸信介であった。日本国憲法が衆議院の解散について規定しているのは、第七条「内閣の助言と承認による国事行為」と第六十九条「不信任あるいは信任手続きによる」であり、「第六十九条説」に基づけば、解散権の発動を議会の判断を経ずに内閣が恣意的におこなうことには解釈上疑義がある。しかし、鳩山一郎内閣で与党・民主党の幹事長を務めていた岸は、保守合同を目前に控えた一九五五年二月の解散総選挙にあたって、「疑義があれば政府の責任で処理する」と「第七条説」を強引に主張し押し通したのである(3)。

一九五五年一一月の保守合同により自由民主党が結党され、岸信介は短命の石橋内閣を引き継ぐかたちで五七年に内閣総理大臣に就任、五八年五月の総選挙で与党絶対過半数を確保し、第二次内閣を発足させた。岸は首相就任直後から「派閥解消運動」を提起したが、そのねらいは各派閥の資金ルートを断ち、献金ルートを幹事長に一本化することで、総裁独裁体制をつくりあげ長期政権を築くことにあった。[4] ところが、こうしたねらいは早々に頓挫することになる。同年秋の臨時国会に提出された「警察官職務執行法改正案」は、「岸内閣が戦前型の警察国家をめざしている」という危機感を世論に生み、総評−社会党ブロックを中心に労働運動、学生運動、住民運動が結集し政治反動に対抗するという、のちに六〇年安保闘争を担うことになる大衆運動が台頭した。この運動の盛り上がりを受けて警職法案は廃案に至るわけだが、岸政権の動揺の原因は、この大衆運動に呼応あるいは利用しようとする党内反主流派——三木武夫、池田勇人、石井光次郎、松村謙三、石田博英ら——との警職法案審議をめぐる対立が激化したことにあった。結局、これらの反主流派に譲歩するかたちで同法案は廃案にせざるをえなくなった、つまり党内の規律化がすすむどころか、より対立が深刻化したのである。

岸は警職法案をめぐる譲歩についてこう回顧している。「安保改定が国会に提案された際、党内の結束がそこなわれる事態を恐れた。『大事の前の小事』といえば、警職法改正案に失礼だが、安保改定という大目的の前には、涙を飲まざるを得なかった。ただこの結果、全国の警察関係者が『岸は弱腰だ』と失望したことはよくわかる。二年後、安保改定審議の大詰めの段階で、アイクの訪日を受け入れるかどうかの際に警備当局が『警備に責任が持てない』との結論を出したことは、実情もさることながら、警職法改正案を見殺しにした私へのシッペ返しだという説があるのも否定できないかもしれない。[5]」

「安保改定に向けて自民党内の結束を図らなければならない」というのが岸信介の最大の問題関心

であったが、岸退陣に向けた反主流派の策動は収まることはなかった。反主流派は岸内閣の長期政権化を阻止するために、「安保花道論」すなわち安保改定には賛成してやるから退陣しろという論陣を張りはじめたのである。

一九六〇年一月、新安保条約の日米政府間の条約調印がなされ、国会での批准を待つ段階で、岸は党内引き締めのための手段として解散権を発動しようとした。岸はこのように回顧している。

「この際の解散論は、スジ論と政治論の両側面からとらえる必要がある。スジ論からすれば、前年六月の参議院選挙で民意が問われ、国民の圧倒的多数が政府の進めている安保改定を支持していることは既に判明している。……実体的に見るならば安保改定の是非を改めて問う必要はないといってよいであろう。ただ政治論としては別である。中共、ソ連に使嗾《しそう》された社会党、共産党、労働組合の反対運動は急速に激化し、暴動と化す可能性も無しとはいえなかった。また、自民党内の反主流派による蠢動《しゅんどう》も、次第に目に余るものになりつつあった。これらに対抗し、とやかく言わせないためには、解散は最も有効な手段であった。[6]」

通常国会が再開されて、新安保条約が国会に提出される二月の国会冒頭のタイミングで、一挙に解散に持ち込み党内の引き締めを図る、これが岸の戦略だった。しかし「二月早々、私は川島幹事長と解散について相談した。幹事長は絶対反対だった。理由としては、松村一派が反対していて党内をまとめきれない。選挙資金のメドが立っていない、などを挙げ」た。そして「二月十八日に帝国ホテルで開かれた岸、藤山両派の朝飯会に出席した私は、『安保改定で解散はしない』と言明」せざるをえなくなったのである。[7]もちろんこの川島の発言は「言い訳」である。その本音については、当時反主流派のリーダー池田勇人の側近であった宮澤喜一がこう回顧している。「岸さんの持っている、それこそ〔戦前――引用者〕回帰路線、おまけにこの人は戦争犯罪人容疑者でもあった。岸さんは決して軍部と腹を合わせてやった人ではないかもしれないけれど、そうであるような印象が、ああいう騒ぎになった」[8]。党内反主流派の反発は、岸が終生思い込んでいたような「単なる派閥対立」ではなく、岸が体現する戦前回帰型の保守政治からの脱皮を図る、一種の「運動」であった。戦後体制への保守政治の適応というシステム転換の奔流が、岸の解散権発動の前に立ちふさがったのである。

大混乱の安保条約国会審議の過程でも、自民党反主流派は「国会の正常化」を掲げ、実力行使を含む社会党の阻止戦術を事実上後押しした。院外の大衆運動と結びついた野党の猛反発と与党内の結束の乱れが岸を条約の強行採決に追い込み、それがますます反対運動に火をつけるという「悪循環」が生じた。

安保条約が自然承認された一九六〇年六月一九日午前零時過ぎ、岸は首相官邸前の大規模抗議に囲まれながら「籠城」していた。解散に猛反対した川島幹事長が「安保改定ができ上がったのだから、人心の安定のために総理をやめると声明してほしい」と岸に申し入れた[9]。岸は拒絶したものの、しかし退陣へのレールはもはや敷かれていた。六月二三日、安保条約承認の手続きがすべて終了したその日に、ついに岸は退陣を表明したのである。

安倍晋三は、この岸の安保と解散をめぐるエピソードを、今回の総選挙に至る過程でよく語っていたという[10]。おそらく彼の念頭にあったのは岸の「悔恨」の一節だろう。「今振り返ってみると、あのとき思い切って解散すべきだった。党内の反対論はかなり強いとはいえ、やってやれないことはなかった。ソ連や中共の干渉を排除し、野党の抵抗にも一定の限度を設け、党内の言いがかり的議論に応えるためにもすべきだった。解散をしておけば、これらもろもろのアク抜きになり、新条約はさっぱりした形で批准されたであろう。冒頭解散の機会を逸したことは残念だった。(11)」

三　ポピュリズムへの恐れ

日本史上最大の大衆運動に包囲され、しかも党内対立に足をとられていた岸信介が置かれた混乱状況と、集団的自衛権の閣議決定による承認でも党内からたった一人しか造反者を出さなかった安倍晋三が置かれた整然たる統制状況とはまったく違う、だから解散権の発動の動機も背景もまったく違うのではないか、と言われるかもしれない。だがそれでは、なぜ安倍が与党による議会絶対多数派の支配と、官邸による与党への統制の貫徹という、政策遂行上稀にみる「好条件」をわざわざ手放しかねない解散権の発動をしたのかという問いに答えることはできない。この安倍政権の二年をたんなる専制支配の貫徹として捉えるのか、それとも政治－社会－運動の主体的対抗と競合の動的プロセスとして捉えるのかで、その答えは大きく変わるだろう。

「高支持率」の背後にあるもの

安倍政権の強さは、歴代政権に比べても比較的高水準で推移している支持率にある、と一般的に言われる。確かに第二次安倍政権の支持率は発足当時が六四％で、二〇一四年一〇月段階で五二％と、歴代政権に比べてもかなり高い水準を維持していた（NHK調査）。だが、個別の政策、とりわけ安全保障政策については異なる傾向を示している。憲法九条改正については一貫して「反対」が「賛成」を上まわり続けている。特定秘密保護法、集団的自衛権行使容認の解釈変更についても、反対運動が活性化すればするほど「反対」が増加し、特定秘密保護法については二〇一三年一二月の成立時には成立を「評価する」が二八％、「評価しない」が五八％にのぼった（日本経済新聞調査）。また原発再稼動や、二〇一五年に予定されていた消費税再増税についても反対が賛成を大きく上まわっている。

対韓国についての世論調査も、安倍政権周辺の極右イデオロギーとは異なる傾向を示している。二〇一四年六月に読売新聞社がおこなった「日韓合同世論調査」によれば、二〇一二年の安倍首相の靖国参拝を「適切だった」と答えたのが日本側では四九％、「適切でなかった」が四一％と拮抗しており、従軍慰安婦問題で日本政府が謝罪の意思を示した「河野談話」を変更せずに継承していくのが「適切だ」と答えたのが五六％で、「適切でない」とした二五％を倍以上、上まわっている。

このように、安倍政権の個別政策への支持は高くないにもかかわらず、全体として支持されている理由は大きく言って二つある。ひとつは、民主党（現・民進党）の没落による議会内での対抗勢力の不在である。二〇一二年総選挙で歴史的大敗を喫した民主党は、その後も内部抗争をくり返し、国民的信頼を完全に失った。二〇一五年一月七日の民主党代表選挙中央選挙管理委員会の発表によると、党員・サポーター数は二二万六一四八人であり、前々回代表戦（二〇一二年九月）当時の三二万六九九七四人から一〇万人あまり減少している。五五年体制以後、最低レベルまで野党第一党の権威と実力が失墜したことが、安倍政権の支持を相対的に浮上させているのである。

もうひとつは経済政策である。菅直人、野田佳彦の両民主党政権は財政緊縮政策をとり、経済不況とデフレ進行に拍車をかけ、消費増税を打ち出したことが決定打となって政権崩壊に至った。これに対して安倍政権は金融緩和と財政出動による内需拡大政策によるデフレ脱却、円安誘導による輸出産業の振興という経済安定化・成長路線をとった。もっとも、これらの金融・経済政策は二〇一四年秋頃から内需と輸出産業の不振が露呈しはじめるなかで陰りをみせ、総選挙の過程で次々と破綻が露呈した。それでも、民主党政権の緊縮一辺倒の金融・財政政策と場当たり的な経済政策の失敗が、安倍政権の「安定感」を際立たせたことで、政権への相対的支持は高くなった。

なお、この経済政策と社会政策が、岸と安倍のもっとも異なる点である。岸は、警職法改正から安保闘争に至る過程で、大衆運動と格闘しながら最低賃金法、国民年金法を制定した。また、自由経済志向の吉田内閣から計画経済重視に本格的に転換し、高度成長下におけるインフラ投資と完全雇用の達成を目標として掲げた「新長期経済計画」を策定していた。岸は、政界に復帰し自由党に入党した直後（一九五三年二月）の雑誌『改造』でこう述べている。「保守政党は、労働者あるいは勤労階層に対しても社会政策的見地に立って相当なことをやらなければならない。……ティピカルな資本主義、自由主義で、すべてのものは自由競争に任すのではなく、全体としてひとつの計画性をもたねばならぬ。……福祉国家の方向にもってゆくための具体的な問題としては、社会保険制度を考えていかねばならない」[12]。「保守も左の方にふところを開く」[13]という岸の構想は、経済成長下において増大が予測される労働者層の、総評－社会党ブロックへの吸収を阻止するための国家主導の革新的ヘゲモニー戦略であり、当時反主流派だった石田博英・三木武夫らが、岸の後を襲った池田内閣のもとで構想した自民党の近代化路線のさきがけとも言えるものだった。[14]

岸は解散権の発動による「勝機」を、まさにこのヘゲモニー戦略に見いだしていた（もっとも、その勝機を我がものにしたのは岸退陣の後を襲った池田勇人だったのだが）。経済成長下における大規模な人口移動により生じる格差化を経済の計画化により予防し、国民統合を強化するというのが岸の戦略であり、国家主義的イデオロギーとは裏腹に、国民統合を弛緩させる規制緩和・競争重視の安倍政権のそれとは著しく異なる。岸政権の経済政策が総評―社会党ブロックとのヘゲモニー争いに規定されていたのに対して、安倍政権はかかる対抗勢力からの圧力の欠如に規定されているのだ。

特定秘密保護法・集団的自衛権・沖縄

安倍政権は政権運営上、圧倒的有利な状況にあるにもかかわらず、悲願である憲法九条改正を究極目標とする安全保障政策の大国化を、思うがままにやれているわけではない。

自衛隊の海外派兵は、一九九二年の国連ＰＫＯ法成立以後、冷戦崩壊によるグローバル化の進展とアメリカの軍事負担要求の強まりを受けて、九九年の周辺事態法、二〇〇三年成立の時限立法イラク特別措置法の制定などによって権限・範囲が拡大してきた。安倍政権による集団的自衛権の行使容認は、これまでの安保・外交路線を大幅に変えた。それは、二〇〇四年から二〇〇九年まで小泉政権などで内閣官房副長官補としてイラク派兵を推進してきた元防衛官僚の柳澤協二が、安倍政権の安保政策を痛烈に批判していることからも明らかである。柳澤は、安倍政権が「アメリカとの軍事的双務性を進んで追求し、アメリカとの対等な関係を保つことによって大国としての日本を『取り戻す』という『報酬』を求めるパワーポリティクスへの転換」をしようとしていると指摘する。(15)

歴代自民党政権では、タカ派の首相の場合でも、安全保障政策はあくまで「アメリカの要請」に基づき受動的に決定がなされていくというものだった。しかし安倍はアメリカの軍事戦略の枠組みの中で、より能動的・主体的に行動しようとしている。安倍が唱える「積極的平和主義」は、このようなかたちで「対米従属」の性格を変えようとしている。

第二次安倍政権が発足当初に取り組んだのは、憲法改正の発議を規定する日本国憲法第九十六条の改正である。現在の国会議員三分の二の同意から二分の一にハードルを下げることで、よりスムーズに改憲をすすめることをねらったものだった。しかしこの提案には、立憲主義を破壊するものだとしてただちに憲法学者を中心に強い反対の声があがり、多くのマスコミも反対を表明した。世論の多数も反対の意思を示したことで、安倍はこの提案を引っ込めざるをえなくなった。

「憲法改正」の目処が立たないなかで、次に安倍が着手したのが九条の解釈変更であった。二〇一二年冬の総選挙、二〇一三年夏の参議院選挙で自民・公明の連立与党は圧勝し、絶対過半数を確保していた。この間の選挙で自民党内のリベラル派議員の多くは引退あるいは落選しており、閣議決定による解釈変更に異議を唱える議員はたった一人しかいなかった。そして野党でこれに明確に反対の声をあげたのは、衆議院の議席のわずか二％を占めるにすぎない共産党と社民党のみであり、野党第一党の民主党は党内のタカ派からの突き上げで曖昧なスタンスしかとれず、野党第二党の維新の会は事実上の賛成に回っていた。安倍政権にとっての残るハードルは、改憲に消極的な立場をとる連立与党の公明党だけだった。

すでに安倍は二〇〇七年の第一次政権の段階で、集団的自衛権行使容認に向けた諮問機関「安全保障の法的基盤の再構築に関する懇談会」(安保法制懇)を発足させていた。だが安全保障については比較的穏健な福田内閣と民主党政権のもとで、この懇談会は休眠状態になっていた。第二次安倍政権はこれを復活させ、集団的自衛権の「全面的」行使に向けた答申づくりを急がせていた。議会における抵抗勢力がきわめて弱い状況で、「全面的」行使の閣議決定はスムーズにすすむかに思われた。

ところが安倍は、二〇一四年五月一五日付の安保法制懇の答申書を受け取るやいなや、そこに示された「全面的」行使の提案をただちに否定し、「限定的」行使の方向をとることを強調したのである。これは安倍にとって、安保法制懇を主導した師・岡崎久彦の顔に泥を塗る失態にほかならなかった。安倍がこのような妥協をしたのは、この半年前、公明党の消極的態度を一定の抵抗へと高め、世論の反発を喚起する社会運動が台頭の兆しをみせていたからである。それは特定秘密保護法制定反対運動である。

二〇一三年一二月に制定された特定秘密保護法に対しては、国会審議半ばから終盤にかけて、審議の拙速さ、指定の権限や範囲の曖昧さによる行政機関の恣意的な濫用の危険性などへの国民的な批判が急速に高まり、一二月五日、六日には数万人が参加した反対運動が国会前を埋め、全国でも街頭行動や集会が活発におこなわれた。このような治安法制への反対運動の規模とインパクトは、通信傍受法、住民基本台帳法、周辺事態法、国旗国歌法が一挙に上程され成立した一九九九年の第一四五国会での反対運動をはるかに凌ぐものだった。この想定外の反発の強さを受け与党公明党は、特定秘密保護法制定に協力する引き換えとして、集団的自衛権容認には反対するという姿勢を強めはじめたのである。民主党も世論と運動、マスコミに押され反対に傾いた。引退した自民党の大幹部たちも次々に反対や懸念の声をあげた。集団的自衛権容認反対の決議をあげた地方議会は二〇一五年一月までに二三八議会を超え、その中には与党の自民、公明の議員が数多く含まれていた。

こうした安倍の強硬な手法への反発の広がりを受けて、憲法九条の解釈変更に対して自民党内の穏健派がより妥協的な方向を打ち出しはじめた。自民党副総裁の高村正彦が「限定的」容認論を打ち出したことで公明党もこれに接近し、安倍は与党の支持を得るために「限定的」容認支持に回らざるをえなくなった。このようにして安保法制懇の答申は、安倍の強い要請を受けて出されたのにもかかわらず、安倍が妥協を強いられたために否定的な取り扱いを受けるに至ったのだ。七月一日の閣議決定の前日には国会周辺で四万人が参加したデモがおこなわれ、全国各地で抗議集会やデモがくり広げられた。曖昧な文言による閣議決定はしたものの、こうした反対運動の高まりを受けて、政府は九条の解釈変更にともなう法整備を二〇一五年度に先送りせざるをえなくなった。しかも、安倍政権がこの安全保障上の課題に力を注ぎすぎたがために、さらなるポピュリズムを噴出させせかねない原発再稼動政策やＴＰＰ推進が、政権運営上の重大な障害になる可能性を高めたのである[16]。

安倍晋三が総選挙断行の決意を固めつつあったのと並行して展開していた沖縄県知事選挙が、どのように彼の判断に影響を与えたかはわからない。翁長陣営は、本土の二大政党制支配に対して「オール沖縄」という保守・革新勢力の節合による多数派の構築に成功した。この沖縄県知事選挙、そして引き続く衆議院沖縄全選挙区での「オール沖縄」陣営の勝利は、ポピュリズムと対抗的政治の新たな節合の可能性を提示し、全国政治の正統性の弱さを浮き彫りにした。

振り返れば、3・11以後の反原発運動のポピュリズムも、民主党政権崩壊の一角を担ったといえるだろう。安倍政権は民主党政権の崩壊の恩恵とリスクの両方を引き継いだのである。原発、治安・安全保障法制、TPP、そして沖縄などの地域的民主主義の課題などで噴きあがるポピュリズムへの恐れに、安倍政権はつねに苛まれている。今回の解散権の発動は、きっかけは消費増税の先送りであったにせよ、こうした二年間の安倍政権の動学的展開の帰結である。与党は絶対過半数を握り、官邸による議会統制は強化された。だがこの「選挙独裁」の代償として、「政治」と「社会」のきずなはますます弛緩した。政治社会と市民社会のズレの空隙から、ポピュリズム的運動と政治が台頭する潜在的危機に恐れを抱きながら、強権的態度とは裏腹に妥協を重ね、その苛立ちを時おり爆発させるというのがこの二年間の安倍政権であった。

かくして解散権は、このポピュリズム運動へのパラノイア的恐れから、潜在的危機台頭への先制予防戦略として発動されることとなったのである。

四 「選挙独裁」のバランスシート

では安倍晋三は、祖父の悔恨を晴らし、祖父の悲願であった長期安定政権に向けた切符を手にしたのだろうか。野党第一党の民主党は総選挙にあたって全小選挙区擁立を断念し、全国政党としての地

秘密
保護法
NO 反対
STOP!!
特定秘密保護

位を失った。維新の会との「選挙協力」は民主党の存在感を希薄にさせ、労働組合の離反を招いた。たとえば、二〇〇九年政権交代では圧勝した大阪での比例代表得票数は、共産党の得票数の半分にまで激減した。[17]野党第三極勢力が衰退し、民主党が自滅するもとでの与党の相対的圧勝は誰の目にも明白であった。総選挙を経ても安倍は内閣改造をおこなわず、各派閥に人事で報いることはなかった。それどころか衆院議長、派閥会長人事を自勢力で固め、消費増税先送りのみならず法人減税についても党税調を封じ込め、権力基盤は拡大したかにみえる。

だが、この勝利は「金環蝕」にすぎない。圧勝は与えられたものであり、上面の栄光とは裏腹に、その中身はさまざまな矛盾・無理・失望に蝕まれることになった。総選挙中、GDP値の下方修正をはじめ経済政策の破綻が顕在化しはじめていた。自民党岐阜県連は「大義がない」と一二月総選挙に抗議し、JAは地方選出議員にTPP反対の踏み絵を迫り、山梨、福岡では候補者の調整すらできず、選挙運動員の動員は大きく低迷した。こうした結束の乱れに足をとられることで——岸信介でいえば安保改定に当たる——憲法改正の争点化をますます及び腰にさせた。二〇一三年参議院選挙で安倍は憲法改正を正面から訴えていたが、今回は「国民にその機運は醸成されていない、議論は深まっていない」と早々に敗北を認めざるをえなかった。安倍は秘密保護法や集団的自衛権といった己の最大の「成果」を、ひたすら隠蔽し選挙戦に臨むという屈従を強いられたのである。[18]総選挙は、自民党の党内基盤の規律化には成功したものの、党への求心力を低下させた。政治のパターンとして、総選挙を経ると、圧勝した政党の支持率はアナウンス効果によりかなり上昇するといわれている。内閣支持率も、二〇〇五年の小泉政権における郵政解散では四六％から六一％に上がっている（読売新聞）。

しかし今回の総選挙では、安倍内閣の支持率はのきなみ漸減し、読売新聞の調査では、圧勝にもかかわらず自民党の支持率は低下するという奇妙な結果をもたらした(19)。

今回の総選挙で安倍はポピュリズムとの対決を回避し、ひたすら「配慮」を重ね、自説を封印した「低姿勢」が時おりの憤激で台無しにならないためにメディアに圧力をかけ、かつ周到に露出を回避したにもかかわらず、否それゆえに、今選挙の仕掛け人といわれる読売新聞ですら「熱狂なき圧勝」と銘打たざるをえないほど、民衆の要求をつかみえない不安をますます高めるだけに結果したのである。県知事選に圧勝し小選挙区でも全勝した沖縄の保守‐革新連合に対し、総選挙後、強硬な兵糧攻めで攻めたて県知事との面会すら拒絶する安倍のかたくなな態度は、基地問題に関する報復のためだけではない。民衆の要求をつかみ、社会諸勢力の政治への節合を成し遂げた沖縄のポピュリズムへの恐怖・羨望・嫉妬心が、そのような態度をとらせているのだ。

今回の総選挙は、安心の名のもとに不安を、安定の名のもとに不安定を、秩序の名のもとに無秩序を生み出した。解散権発動による「上から仕掛けられた運動」の失敗は、安倍には憲法改正国民投票という究極のポピュリズム運動を統率する資質も自信もないことを暴露した。与えられた圧勝の果実を貪りつつ、彼方の地のポピュリズムの胎動を不安と羨望のまなざしで眺めている、これが総選挙を経た安倍晋三の現在、である。

注

（1）エルネスト・ラクラウ『資本主義・ファシズム・ポピュリズム』横越英一監訳、柘植書房、一九八五年、一七八頁。
（2）拙稿「常識の政治学」（『現代思想』二〇〇九年一〇月号、本書第2章として所収）九三―九四頁。
（3）岸信介『岸信介回顧録――保守合同と安保改定』廣済堂、一九八三年、一六六頁。
（4）渡辺恒雄『派閥――保守党の解剖〔復刻版〕』弘文堂、二〇一四年、三三頁。
（5）前掲『岸信介回顧録』四四五頁。
（6）同前、五三三―五三四頁。
（7）同前、五三四頁。
（8）御厨貴・中村隆英編『聞き書　宮澤喜一回顧録』岩波書店、二〇〇五年、一九〇頁。
（9）前掲『岸信介回顧録』五六三頁。
（10）「解散判断　三首相から教訓」「日本経済新聞」二〇一四年一一月二一日。
（11）前掲『岸信介回顧録』五三四頁。
（12）岸信介「新保守党論」（『改造』一九五三年五月号）九二頁。
（13）前掲『岸信介回顧録』八三頁。
（14）中北浩爾『自民党政治の変容』ＮＨＫブックス、二〇一四年、四六―五〇頁。
（15）柳澤協二『亡国の安保政策――安倍政権と積極的平和主義の罠』岩波書店、二〇一四年、二三頁。
（16）集団的自衛権の閣議決定をめぐる政治過程については以下を参照した。渡辺治ほか『〈大国〉への執念　安倍政権と日本の危機』大月書店、二〇一四年、五九―一〇八頁。
（17）「選挙区調整　野党の誤算」「読売新聞」二〇一四年一一月四日。「一一二七選挙区の動向を分析すると、民主党候補が維新、生活、社民の支持層から得たのは四から五割にとどまっている。次世代の党の支持は六割が与党へ。与党と維新、共産の組み合わせになった四六選挙区でも、民主、生活の支持層の四割程度しか維新には流れていない。」

(18)「改憲意欲、しのばせる首相」「朝日新聞」二〇一四年一二月五日。

(19)「熱狂なき圧勝浮き彫り」「読売新聞」二〇一四年一二月一七日。

7章　二〇一五年七月一六日
——「安保法制」は何をもたらしたか——

つまり国家もさらに社会制度も存在しない前の人間として、最も自由に生きることから出発するのである。そうしていっさいの制度から独立した人間の交流を通して相互生存の規範が生み出されたときに、はじめて制度にたいする日本人の主体性が回復され……そこに存在する日本人の共同性の意識こそが権利の上で独立した存在としての「国民《ネイション》」もしくは「市民」なのである[1]。

二〇一五年八月一四日夕刻、安倍首相による「戦後七〇年談話」が発表された。この半年間、米中韓から国内諸勢力までをも駆け引きに巻き込んだこの談話は、「侵略」「植民地支配」「反省」という過去の談話の鍵用語を形式的に引き継ぎつつ、文脈を違えて過去の談話の文意を覆そうとする無理を重ねたがために、結局のところただ分量だけがかさばり、どの立場からみても不満が残る、中途半端な妥協的作文に着地せざるをえなかったのである。

「村山談話」を根本から刷新し、新たな国家意思としての「談話」を打ち出すことは、安倍首相とその側近たちの積年の「悲願」であり、その「悲願」は二〇一四年末の総選挙により与党内の統制を確立したことによって達成されるはずだった。二〇一四年末の解散権の発動による総選挙は、与党内部の諸分派の統制、また党内反抗分子の粛清のためにおこなわれた(2)。また、二〇一五年四月に予定されていた統一地方選挙での野党第一党・民主党の敗北は確実であり、与党の圧倒的優位が揺るがないことは歴然としていた。したがって、野党第二党である維新の党の取り込みはやすやすとなされるはずであり、後はマスコミを統制さえすれば磐石の体制で通常国会を乗り切ることはできる。もちろん近隣外交上の懸念は強くあり、とりわけ経済界の要求を背景にした中国との関係改善の圧力は与党内にも強くある。しかし、そうした外交的な対立を国内政治の政争へと転化する回路は党内統制の強化により遮断し、米国からの懸念については安保法制と辺野古への基地移転をバーターにしてなだめればよいのだ。これが四月二九日に安倍が米国上下院議会の演説において、安保法制の夏までの成立を公約した時点での政権戦略であり、「悲願」はこの予定どおり達成されるはずだったのである。

ところがいまや、さまざまな政治局面で生じた「誤算」が安倍政権の当初の戦略を挫き、「談話」に象徴されるような中途半端な妥協に走らせている。七月一六日の衆議院での安保法案強行採決から九月一九日未明の参議院での強行採決にかけての二カ月間、安倍政権は成り行きと時の経過に依存し、「重力の法則」によりいつか着地するだろうという、権力を握りながらも支配していない状態におちいっているかのようにさえ見えた。さまざまな政治課題を操作し組み合わせて統べる能力を失い、ただただ硬直し目先の失態への対処に追われ、能動的に事態を処理する統治体であることを止めたようにすら見えた。だが、この「誤算」を「誤算」たらしめた力、換言すれば、強化された与党内の統制の中に封じ込められていた矛盾や無理を顕在化せしめた力は、議会政治の外部からもたらされたのである。

これら封じ込められていた矛盾や無理を顕在化せしめる上で軸となったのが、安保法案をめぐる国会での攻防であることは言うまでもない。だが、いくらこの安保法案が憲法違反の疑いが濃厚であったとしても、その攻防が戦後もっとも対抗野党が弱体な議会内でのみなされていたならば、早々に成立に至っていたはずである。集団的自衛権の行使が憲法違反だということは、すでに二〇一四年七月の閣議決定のときにも散々指摘はされていた。衆院憲法審査会の参考人の憲法学者が一致して安保法案を違憲としたという「事件」があったにせよ、その「事件」を特定の段階で一大争点へと高めた力の源こそ、ここで検討されなければならない。

また、懸念が広がり反対の世論が過半数を占めているというだけでは、党内統制と経済政策により一定水準以上の支持率を維持している安倍政権の歯止めにはならなかっただろう。安倍政権は、安保法案審議中の二〇一五年八月半ばでも四割前後の支持率を維持していた。それにもかかわらず、かれらをして混乱と妥協と譲歩に走らざるをえなくしているのは、安倍政権の権威主義的な政治により不安定化した既成の政治ブロックを突き崩し、そこから零《こぼ》れ落ちた勢力や人びとを新たな政治ブロックへと吸収し、「砂のような」世論を凝固せしめた民主主義的なポピュリズム運動が台頭し政治をつかみはじめたからだ。政治の権威主義化により「議会制」と「民主主義」のきずなが断ち切られるさなかで登場した、この政治ブロックの「瓦解と再吸収」をめぐる力学を社会運動が主導していることこそが、この間の政治過程にこれまでにないダイナミズムを与えていると思われる。

そして留意すべきことは、安保法制は確かに現在のような社会運動の広がりをつくりだすきっかけにはなった。だがその反対運動のうねりは、すでに生じていた政治と社会の変化を受けてのものである。安保法案をめぐる攻防に至る前段の二〇一四年末の沖縄県知事選と総選挙における「オール沖縄」の圧勝、そして二〇一五年五月におこなわれた大阪「都構想」住民投票における反対派の勝利が、安保法制反対運動の広がりを加速させたモジュール＝型をつくりあげたのである。

一　沖縄から大阪へ

集団的自衛権の閣議決定において公明党を屈服させることに成功した安倍政権の、二〇一四年における最大の失策は沖縄県知事選の敗北であった。二〇一三年一二月、当時の仲井真知事に辺野古沖埋め立てを承認させることに成功した安倍政権は、大型公共事業、補助金、カジノ誘致を盾に仲井真の再選を確実にしたはずだった（なお安倍晋三はそれを米国へのバーターにして同月靖国神社に参拝した）。ところがその一方で、オスプレイ配備に反対する「沖縄建白書」運動をはじめとする草の根からの島ぐるみの取り組みは従来の保守／革新の枠組みを超え、さらに沖縄財界までも巻き込む共同戦線をつくりあげていった。そしてその枠組みは、旧来の五五年体制下の政党間の数合わせでもなく、本土の二大政党制に対応したものでもない、独自の政治ブロックとして形成された。こうした沖縄県内の政治力学の変化は、それまで仕切られていた保守／革新の壁を突き崩し、さまざまな交わりと取り組みの中から、新たな政治的・社会的関係を練成したのである。

そしてこのような新たな政治的力学の登場は、主要全国政党の組織力の低下と、とりわけ地方末端への統制力の弱体化の産物でもあった。沖縄県知事選と総選挙に向けて、自民党沖縄県連の多数が党中央に逆らい離党し、公明党本部は県本部の独自行動を認めざるをえなかった。沖縄県の民主党は壊滅しており、社共の伝統的な革新ブロックは自前で対抗運動を組織する力量を落としていた。こうした中央政治の統制力・統合力の弱体化が、地域レベルでの自由な交流と、辺野古新基地建設反対の一点での結集を可能にする余地を切り開いたのである。

沖縄県知事選挙における翁長雄志候補の圧勝、また総選挙におけるオール沖縄候補の全勝は、このように形成された政治ブロックが、政治的に有効な力たりうることを実証した。安倍政権はこの政治ブロックに対して当初、強硬な姿勢で臨んだ。ところが切り崩しに失敗しただけでなく、安保法制の攻防で安倍政権の動揺が深まるのと同時に、辺野古基地問題は地域的課題から全国的課題へと浮上し、政権はいったん対話路線に転換せざるをえなくなった。そして七月の安保法案衆議院強行採決後には——一カ月間とはいえ——安倍政権は一時的な工事中止に追い込まれたのである。

このように沖縄でつくりあげられた政治ブロックの経験とモジュールを引き継いだのが、大阪都構想をめぐる住民投票を目前に控えた大阪であった。

四月の統一地方選挙で大阪市議会第一党を維持しながらも過半数議席を獲得できなかった「大阪維新の会」は、橋下市政がめざしてきた統治機構改革の実現のために、公明党を抱き込むことで住民投票の実施を議決した。国政野党第二党である「維新の党」は、橋下市長率いる大阪系グループと旧民主党、みんなの党系のグループの雑居集団であり、党の路線をめぐってつねに内紛を抱えている。安倍政権は安保法制の審議を迎えるにあたって、この大阪住民投票で橋下陣営を勝利させ、橋下の維新党内での主導権を確実なものにさせ、安保法案審議で与党側にまわらせることで法案成立を確実にしたいという思惑があった。

だがこのことは、大阪維新の会と対立関係にある大阪自民党を政権が切り捨てるということを意味する。住民投票を迎えるにあたって、大阪選出の自民党衆議院議員・中山泰秀がこんな懸念を表明していた。「党本部、官邸から私たちに非常に冷たい風が流れてきている。沖縄の県知事選、佐賀の県知事選、そして今回の住民投票。地方の声を聞くはずの自民党が東京だけで、中央だけで政治が動いていくと思っているのだったら、自民党は地方からどんどん潰れていくと思う(3)。」

中山が大阪の事態から沖縄を連想しているように、沖縄と大阪は、地元の自民党・公明党と中央が事実上の対立関係に至ったこと、民主党が大阪府・大阪市議会から消滅したこと、そして保守勢力と共産党の共闘がすすんでいたなどの点で、似たような図式が形づくられつつあった。沖縄が辺野古基地建設反対を一致点にしたのに対して、大阪では維新と都構想への反対を一致点に幅広い反対勢力が急速につくりあげられていったわけだが、沖縄と同じように大阪でも、政党間・組織間の縛りから一時的とはいえ解き放たれたことによって、これまでにない交流や経験の共有が生まれたのである。創価学会員と共産党員が一緒にビラ撒きをし、自民党議員が共産党の宣伝カーで演説をし、商店街、医師会、政党などが開く集会にお互いが行き来しあい交歓するようになった。「オール沖縄」にならい

「オール大阪」というフレーズが盛んに使われたのは、それがたんなる数合わせではなく、この反対運動に参加した数多くの異なる立場の人たちが、既成の枠組みを飛び出し手を組み合うことで、経験したことのないような力と広がりを生み出すということを実感し自信を深めたからであった。

このような政治ブロックが形成されたからこそ、メディアに強い影響力をもつ橋下維新と官邸の切り崩しへの対抗は可能だったのであり、僅差とはいえ反対派の勝利をもたらしたのである。そして、この大阪住民投票に敗北したことで、維新の党内での大阪組の影響力は低下し、安保法案の審議の過程で幾度かの巻き返しがなされたものの、与党側への同党の取り込みは失敗に終わることになった。

沖縄と大阪における新たな政治ブロックの勝利は、いまの保守政治の「強さ」と「弱さ」を露呈させた。安倍政権の統制力の強さは、小選挙区制度のもとでの党執行部の公認権の独占、また政党助成金制度への依存による集金－配分回路の党執行部への一元化、それによる多元的な党内派閥支配の弱体化、そして小泉内閣以降の補佐官制度の導入をはじめとする官邸機能の強化、そして安倍政権における内閣人事局の設置による官僚支配の強化という、党内の権力集中と官邸による与党支配の強化に裏づけられている。この「強さ」こそが、党内調整を経ないままに官邸が地域問題に直接強引に介入することを可能にしている(4)。

だが同時に、この「強さ」はヘゲモニー政党としての自民党の基盤が切り崩されている「弱さ」の裏返しでもある。官邸による強力な与党支配が貫徹したことで、多種多様な利益集団や支持層の矛盾や軋轢を「バーター」や「ガス抜き」で緩め、党内で解消する余地が大きく狭められた。かつて天性のポピュリストである小泉純一郎は、党内の利益集団の一部を切り捨てるために総選挙によって党外の無党派層を動員し、党内を制圧した。安倍政権はこれにならい、対外的な危機を煽動し無党派世論を惹きつけ、与野党内の反抗分子を制圧するという権威主義的ポピュリズムの動員を、安保法成立に向けてしなければならないはずであった。ところがポピュリズムは、この沖縄－大阪の実績を携えて、政権に敵対する側から台頭することになったのである。

二　七月一六日衆議院強行採決まで

「各種世論調査で国民の八割が法案の中身がわからないと答え、六割が反対を表明し、ほぼすべての憲法学者が憲法違反と言い、答弁が二転三転し議事が八〇回以上ストップし、理事会が要求した資料も提出されずに委員会で強行採決され、そして本会議では与党のみの起立で採決された」。七月一六日の強行採決に至るまでの安保法案審議のプロセスはこう要約できるだろう。政府による世論の説得はことごとく失敗し、次々と矛盾が暴かれ、失態を晒し迷走状態のまま強引な採決に至った。

このような事態に至ったことを安倍政権は、野党や反対派がふりまく「戦争法案」といった「レッテル張り」「印象操作」が国民を「誤解」させたからだと弁明している。ところが、およそ二カ月間の国会論戦の中で生じたのは、そのような弁明とはまったく逆の事態であった。

数多くの人びとが日々の国会論戦に注目し、SNSやテレビ、新聞で論戦状況と論点をチェックするという、稀に見る状況が生まれたのである。立憲主義、国際情勢、戦争の実態などの複雑かつ多岐にわたる論点についての「まとめ」がウェブ上で次々公開され、それを数万、数十万の人が閲覧し、またそれをわかりやすくまとめたビラが自発的に作られていった。六月に入ると、『女性自身』などの週刊誌が安保法制の問題点をわかりやすくまとめた記事を掲載し、好評を博することになる。この二カ月の間に、安保法制をめぐる大規模な「学習運動」が沸き起こったのである。

　数多くの人びとが、この安保法案の内容を積極的に知ろうとＳＮＳやテレビでくり広げられる論戦に参加し、政府側の答弁のいい加減さ、曖昧さに「ツッコミ」を入れた。しかもこの学習運動は、この手の法律論争にありがちな、専門技術的な議論を専門家が論じるのを一般市民は観客としてただ傍観するという図式におちいることはなかった。それは、この安保法制の論争が技術的なものに終始することなく、「常識《コモンセンス》」をめぐるものになったからである。五月二〇日の共産党・志位和夫委員長との党首討論で、安倍首相は「ポツダム宣言を（詳らかに）読んでいない」と発言した。この発言に対しメディアと世論が騒然としたことで、政府は「安倍首相がポツダム宣言を読んでいる」ということをわざわざ閣議決定で確認しなければならない羽目におちいった。中等教育を受けている者なら誰でも聞いたことはある「ポツダム宣言」を総理大臣が読んでいないことが暴露されたことで、安保法制をめぐる論争は、国民の一般常識からほど遠い専門技術的な論争から、まさに「常識」をめぐる争いへと引き下げられた。専門技術的な物言いでツイッター上で高飛車な議論をくり広げていた礒崎陽輔首相補佐官が一〇代の女性に論破されたという「事件」、また自衛隊ＯＢの佐藤正久参議院議員が安保法制を女子高生に説明するビデオの内容を反転させ、女子高生が佐藤議員を完全に論破するという

「パロディ」版がネット上に登場し、本家をはるかに上まわる一〇〇万回の視聴を得たという「事件」、また安倍総理や側近が登場し「わかりやすく説明する」とメディアやウェブ上で展開した「たとえ話」が嘲笑に晒されるという「事件」は、まさに専門家集団と一般市民という対比関係において、市民こそがより学習をし、市民こそがより説得的な議論を展開できるという「一般的知性」をめぐる逆転現象が起きたことを象徴的にあらわしていた（また、女子高生や女学生が男性議員を論破するというストーリーには、ジェンダー的な撹乱・転覆の政治が込められていた。それは、安倍政権ならびに安保法制への女性の不支持が圧倒的に高いという世論状況とエコーしているだろう）。

まさにこうした大衆規模での学習実践の社会的蓄積こそが、衆院憲法審査会に出席した憲法学者が一致して安保法制を「違憲」と断じたことを、ただちに一大争点へと高めていく原動力になったのである。それはまた、「権威ある憲法学者」と「一般市民」の間を節合するために、技術的な言説を柔軟化し、さまざまな文脈に位置づけ、社会に向けて発信する「活動家層」――A・グラムシの言葉を借りれば「有機的知識人」――が、ネット上や街場、街頭で無数に生まれ活躍したからこそ、政治的な力へと高めあげられたのである。

こうした「学習運動」や「有機的知識人」が生み出したさまざまな「素材」を、マスメディアは後追いするかたちで大々的に報じるという好循環が次第に形づくられた。そして強行採決が近づくにつれ、この好循環の環に与党の支持層が巻き込まれはじめた。自民党参議院議員の山本一太は衆院強行採決直前の七月一二日の地元での集会で、支持者から「多くの憲法学者が、今の平和・安全法制は憲法違反の可能性が高いと主張している。先ずは憲法改正をやって整合性を図った上で、法案を通すほうがいいのではないか」「先般の自民党若手による言論弾圧をするかのような発言には危うさを感じた。とても不快だった」という声があがり、これは全国各地の保守系議員の地元でもあがっているだろうと懸念を記している。[5]こうした地元からの声が与党議員らに動揺を与えはじめたからこそ、官邸は強行採決を急ぎ、強引にそれを封じ込めざるをえなくなった。

こうした大衆的広がりをもつ学習運動と、その中からの「有機的知識人」の登場と活躍こそが、大規模な社会的動員が実現される上では欠かせない。そして、そのことをわたしたちはすでに経験している。二〇一一年三月一一日の原発震災から、二〇一二年六月の首相官邸前での十数万の動員へと至る過程は、原発と放射能汚染をめぐる学習と実践の時間でもあった。専門家集団の言説に対抗して市民自らが学習し、放射能測定などの実践に足を踏み出していく時間であった。そこで培われた土台があったからこそ、二〇一二年半ばの大規模な社会的動員は厚みと広がりをもつことになったのである。これと同じパターンが、しかも反原発運動よりもさらに政治過程に食い入るかたちで再現されたのである。そしてその勢いは、強行採決がなされることによって、より加速されるだろうと多くの人びとは予測していた。その「読み」のもと、全国各地でデモや集会が組織されていったのである。

三　七月一六日衆議院強行採決前後

安保法制を懸念し反対する人びとの中で、衆議院での強行採決に怒りを抱かなかった人は誰もいないだろう。しかし他方で、この強行採決により絶望、諦めの念を抱いた人もまたいなかったのである。安保法制に反対する誰もが、この強行採決が安保法制に民主主義の課題を節合し、この運動が安保法制そのものの是非を超えた、日本の民主主義をめぐる攻防へと広がりをみせることを直観していたからである。一九六〇年五月一九日の日米安保条約衆院強行採決が、安保条約の是非を超えて岸政権の反民主主義的・復古主義的政策への国民的反発を呼び起こしたことの再現を、人びとは直観していたのである。

六月末頃から全国各地でおこなわれた安保法制反対のデモや集会の数、また参加人数は、二〇一二年の六月に全国各地でおこなわれた反原発デモの数、参加人数に匹敵しはじめていた。[6] 七月に入ると、学生や若者がリードするデモが全国各地で目立ちはじめた。七月一六日の強行採決前後に、国会前に連日数万から一〇万人の人びとが集まったのは、そこに至る一カ月の間の各地域でのデモの台頭と広がりがあったからこそである。

この安保法案をめぐる攻防の中で、国会前や全国各地で叢生した「学生たちの社会運動」が脚光を浴びることになった。その学生たちの社会運動の今日的特徴については次章で論じる。ここで扱いたいのは、この学生たちの社会運動が果たした機能である。

現代の学生たちの社会運動は、一九五〇年代や一九六八年の学生運動のような、学生の（労働者階級からの）「層」としての自立をめざしたそれとはまったく違う。とりわけ強行採決前後から、それは「器」のようなものになった。それは反原発金曜官邸前抗議に至る反原発運動がつくりあげた運動モジュールを継承し[7]、そして沖縄–大阪の経験で培われた政治モジュールを継承し、政治・社会組織の衰退により仕切りから溢れ出たさまざまな年齢、性別、階層、民族の人びとが、無名のまま集える「器」として機能することになったのである。

この学生たちの運動が「層」としてではなく「器」として機能したことが、政府を強行採決に追いやる諸条件をつくりだした。この学生たちの運動が自由に作動し、世論と政治との触媒の役割を果たしたことで、沖縄や大阪では存在感を失っていた民主党を対抗野党として支え押し上げた。また、動揺する維新の党のリベラル派を励まし、結果的に野党共闘と同党の分裂にまで導いた。そして強行採決後には、公明党の転向に反発した創価学会員の人びとを国会前抗議に誘い、公明党に激しい動揺を与えた。

また「器」は全国各地に広がった。公明党、自民党の地方幹部や議員、党員が、各地の安保法制反対の集会やデモに参加し演説をするという状況が生まれた。統制が貫徹した与党国会議員からの造反がほぼないのとは対照的に、地方あるいは地域では、保守政治の決壊の兆しがそこかしこに芽生えている。しかも、こうした地方の決壊は、安保法制への不信の一点からのみ生じているわけではない。TPP、原発再稼動、農業政策、大学・教育政策等々へのさまざまな不満の蓄積が、安保法制の問題をきっかけに噴出しているのである。安保法制をめぐる攻防はまさに、すでに充満しつつあった各々の階層、各々の組織、各々の政治勢力の不満を爆発させるトリガーとして機能したのである。

辺野古基地建設問題を一時先送りにし、岩手県知事選を「不戦敗」で逃げ切り、強行採決によるショックの緩和策に走った安倍政権は、原発再稼動と戦後七〇年談話をなんとか「乗り切った」かたちで安保法制の成立に全力を傾注した。それに対し、国会議事堂前では十数万の大規模集会が開かれ、全国では二〇一二年の反原発運動の高揚期を上まわる規模のデモがくり広げられた。議会への大衆的な圧力はマスコミを動かし、予想だにしなかったさまざまな混乱が国会を揺り動かし、政治過程を揺るがしていった。

参議院での攻防の終盤、連日夕刻には国会議事堂前はデモ隊によって全車道が解放され、奮起した野党は議事妨害《フィリバスター》で徹底抗戦した。九月一九日の未明、ついに安保法案は可決・成立した。だが明け方まで国会前で抗議を続けた人びとの顔は、諦めではなく、ほんの半年前には四分五裂状態で低迷していた野党をここまで立ち上がらせた自信に満ち溢れていた。人びとの脳裏にあったのは絶望感ではなく、この攻防の半年間に育まれた、これまでにないつながり――閉塞した職場や学園では得られない、新たな社会的なつながり――を見いだしたことへの実感であった。この実感こそが、こののちくり広げられていく市民主導の「下からの」野党共闘を支える政治意識を生み出したのである。

＊　＊　＊

この未知の攻防はどこに向かうのか。はっきりしていることはひとつだけある。いま作動し、政治社会の変化を加速させているこの流れはもはや止められず、いかなる反動や抑圧が試みられようとも、もう元には戻せないということである。政治支配の機能不全から生じるポピュリズムはさまざまな課題や角度から生じ、政治と社会を攪乱しつづけていくだろう。政治的、社会的、組織的、集団的な新しい秩序の形成をめぐる激しいヘゲモニー闘争は、安保法制をめぐる攻防を超えて、いまも続いている。

注

（1）日高六郎編『一九六〇年五月一九日』岩波書店、一九六〇年、四頁。
（2）二〇一四年一二月総選挙の政治過程については前章で論じた。
（3）「党本部・官邸から冷たい風が」「朝日新聞」電子版、二〇一五年五月一四日付。
（4）小熊英二「自民党の基盤　衰弱が生んだ政権暴走」「朝日新聞」電子版、二〇一五年六月九日付。
（5）山本一太ブログ「地元有権者の反応で感じ取った『逆風体感指数』の上昇」二〇一五年七月一二日 http://ameblo.jp/ichita-y/entry-12049994826.html
（6）反原発運動の全国展開については以下を参照。小熊英二・木下ちがや「二〇一一年以降の反原発デモ・リスト」（『原発を止める人々――3・11から官邸前まで』文藝春秋、二〇一三年）。
（7）金曜官邸前抗議の「器」としての機能については本書第4章で論じた。

怒
Stop it !
スタッピッ

8章　政治を取り戻す

――「学生たちの社会運動」と民主主義――

はじめに

二〇一一年三月一一日の東日本大震災と原発事故から六年の歳月が過ぎた。震災の苦難、そして原発災害への不安と恐怖に苛まれた「あの時」の記憶は、あっさりと過去に追いやられたわけではなく、反原発運動、そして二〇一五年の反安保運動まで続く社会運動の波に、つねに掘り起こされるかたちで現在へとつながっている。

この二〇一一年は、先述のように、日本だけではなく世界的に大規模な社会運動が台頭した年でもあった。中東の「アラブ革命」、アメリカの「オキュパイ運動」、二〇一四年暮れに躍進した急進左派政党ポデモスを生み出したスペインの「怒れる者たちの運動」等々、数十万の人びとが広場を占拠する運動が、北大西洋・地中海諸国を席巻した。この世界的な社会運動の荒波は二〇一四年には東アジアにおよび、台湾では「ひまわり運動」、香港では選挙制度の民主化を求める、これも学生たち中心の「雨傘革命」が台頭したのである。

日本の反原発運動をはじめとする「3・11以後の社会運動」も、こうした世界史的な運動の一環である。そしてこれらの諸運動は、SNSを駆使したネットワーク型の運動であること、オキュパイ運動の「われわれは九九％である」というスローガンにみられるような多数派の経済的・政治的民主主義を求める大衆的・国民的な運動であること、ポピュリズム的性格が強く、硬直した既成の左翼の枠組みを突破し新たな民衆との結合をめざす運動であることなど、数多くの共通点がある。だが、二〇一二年にひとつのピークを迎えた日本の反原発運動については、こうした世界的な運動とは実は重大な相違点があった。それは「若者の不在」である。

二〇一一年以後の世界の社会運動を主導したのは、おもに学生あるいは若者世代である。かれらは高等教育を修め、高度な知性とスキルと革新的なコミュニケーション能力をもちながらも職を得られない、あるいは不安定雇用にしか就労できない層である。この「雇用と教育のギャップ」に苛まれた若者たちが、運動空間に知性とスキルと情熱を注ぎ込んだことが各国の社会運動の爆発的な広がりを生んだのである。

他方で、日本の反原発運動を中心的に担ったのは、おもに三〇代以上の壮年世代であった。筆者も出演した小熊英二監督のドキュメンタリー「首相官邸の前で」(二〇一五年)は、3・11直後から二〇一二年の首相官邸前抗議の広がりまでのおよそ一年半の期間を扱っているが、登場する人物はすべて三〇代後半以上であり、数多く映し出される運動の現場でも若者の姿はまばらにしか目につかない。

また筆者は二〇一三年に小熊英二と共同で『原発を止める人々』（文藝春秋）という本を編纂し、そこに五〇名の運動参加者の手記を掲載したが、その中で二〇代はわずか三人であり、大学生はいない。反原発運動のデモ等への参加者の年齢構成の統計があるわけではなく、これはあくまで筆者の経験と観察に基づく見解にすぎないが、デモにかかわる会議や集会を見てきた限り、大学生の参加は稀であり、しかも大学生どうしのネットワークのようなものはなく、かれらは個別に地域の運動体の一員といったかたちでデモ等に参加していた。

二〇一二年に動員のピークを迎えた反原発運動の担い手は三〇代、四〇代であり、もともと政治や社会問題に一定の関心を抱いており、3・11の震災と原発事故が政治と社会を揺るがしたことを契機に運動へと参加したというパターンが主流であったと思われる。そしてこの「壮年世代」が、3・11までの日本の大衆運動の数十年にわたる「経験の空白」を埋め合わせ、現在の社会のあり方に適応した「闘い方」を確立し、「学生たちの社会運動」が登場する前提条件をつくりあげたと思われるのである。3・11以後数年間の運動経験の蓄積こそが、「学生たちの社会運動」が運動シーンに登場する上で不可欠であったと思われる。

一　「学生運動」と「学生たちの社会運動」

本章では、国会前抗議をはじめとした大学生、高校生たちの取り組みを「学生運動」ではなく「学生たちの社会運動」と名指している。これは、現在の学生たちの取り組みが、「一九六〇年」の安保闘争や「一九六八年」の学園紛争時の「学生運動」とは背景も構造もアイデンティティも、著しく異なるからである。その違いがどこにあるのかを、まず端的に整理しておくことが現在の「学生たちの運動」を知る上でも肝要だと思われる。

この「一九六〇年」と「一九六八年」の学生運動を振り返る上で、現在もっとも手近な素材になるのは、東大全共闘議長を務めた山本義隆が出版した『私の一九六〇年代』（金曜日）だろう。山本は学部大学生として六〇年安保闘争に参加し、六八年の東大闘争には助手として参加している。この「二つの運動」をともに直に体験した世代の書として、同書は貴重な証言録となっている。

同書を通してあらためて「一九六〇年」「一九六八年」の学生運動を振り返ってみると、その運動は現在とは違い「キャンパスの運動」だったことがよくわかる。小熊英二は同書を評して「当時は、学内での闘争、教授との関係が中心のまさに『学生運動』であった」としている。[1] この時代の学生運動は、よく言えば大学に根づいた運動とも言えるし、一般社会とは隔絶された自治空間の運動だったとも言えるだろう。そして、そのあり方の現在との違いは、大学生活のあり方そのものの違いに起因している。たとえば山本は、六〇年安保闘争を振り返りこう書いている。

私もふくめて大部分の学生大衆にとって、六〇年安保闘争では、街頭での行動がどれだけ急進化しても、基本的な秩序というか学生生活の足場はしっかり維持されていたのであり、闘争の波が退いたら、大部分の学生は、さしたる葛藤もなく学生生活に復帰することができました。というより、闘争の過程でも、寮とキャンパスでの学生生活の日常的な秩序は維持されていたのです。[2]

山本のいう「学生生活」とは、学生寮があり、寮には寮食があり、たくさんのサークルがある学生生活である。そして消費文化は発達しておらず、アルバイトも限られた種類しかなく、学生たちは大学内で寝食をともにしていた。そこには緊密な学生どうしの人間関係があり、大学は学生にとって日常生活を自己完結できる小コスモスのようなものであった。六〇年安保闘争でも六八年の学園紛争でも、数千、数万の学生たちが激しい街頭闘争をくり広げた。しかし街頭はあくまで大学という拠点から「進出する場」であって、学生たちの居場所は大学の中にあったのである。したがって、かれらの言う「民主化」とは、まずもって「大学の民主化」であり、大学の権威主義的体質への対抗と反抗、そして学内のヘゲモニー争いこそが、当時の学生運動家たちの闘争の焦点であった。

「一九六八年」の学園紛争が学生運動のピークであったとすると、その後の運動の衰退は、大学の求心力と学生のアイデンティティが低下していくのと軌を一にしていたと思われる。大学の郊外移転や管理強化、また内ゲバセクトの学内支配といった「強制力」が、学生運動の衰退の一因であったことは疑いない。だが、それが一因にすぎないのは、こうした「強制力」が働かなかった大学でも、時期の違いはあれども学生運動は衰退していったことから明らかである。

一九九八年、一橋大学では学長選考制度への学生・職員参加の廃止をめぐって、ほぼ一年にわたり紛争状態に入った。定足数全学生三分の一の学生大会を成立させ、大衆団交には五〇〇人以上が集まった、おそらく日本の大学では最後の、大きな規模の学生運動だったと思う。一橋大学は伝統的に内ゲバセクトも存在せず、比較的民主的な三者構成自治制度が保障されていた。ゼミ制度が学生の人間関係の基盤として機能し、サークル活動も活発だった。紛争中のほぼ一年間、クラス入りやサークルまわりが活発におこなわれ、何十人という学生や院生が日夜立て看板を作り、会議を開いてビラまきをしていた。おかげで筆者は修士課程を留年してしまったわけだが、大学制度をめぐり多くの学生たちが関心を抱き、改革に抵抗するだけの求心力がそこにはあった。

しかしながらそれ以後、一橋大学の学生運動の勢いが続くことはなかった。その後一〇年あまりでサークルは衰退し、立て看も激減していった。学内集会も一九九九年の日の丸・君が代掲揚反対集会を最後に途切れ、学内から社会運動の空気は急速に消え去っていった。二〇一一年の原発事故でも、そして安保法制の反対運動の高揚にも、それに呼応した運動が大学内で活性化することはついになかったのである。

一九八〇年代に顕著になった消費文化の拡大は、それまでの大学中心の学生生活を大きく相対化させた。九〇年代以後の就職難のなか就職活動が次第に前のめりになり、キャンパスで過ごす時間が減っていった。そして、奨学金や学費の圧迫、そして雇用の柔軟化と学生の貧困化は、学生の労働力化を促進した。こうした「資本による包摂」が、学生生活と学生としてのアイデンティティを学生から奪い去っていった。だから、「一九六〇年」「一九六八年」のような学生運動を可能にした陣地が根底から失われた状態から、現在の「学生たちの社会運動」は出発せざるをえなかったのである。

二　学生たちの困難と可能性

では学生たちは、どのような経緯で、どのようなあり方で運動にふれ、参加したのか。筆者が出会った事例を二つ挙げてみる。

二〇一四年一二月一〇日、特定秘密保護法が施行された日の夜、首相官邸前では前夜に続き学生たち中心の抗議行動がおこなわれた。首相官邸に向けて「ファシスト許すな！」というどぎついコールがぶつけられるさなか、筆者はある女子学生に「先生！」と声をかけられた。「先生の授業とってるんですよ！」と高揚しながら話しかけてきたその学生は、夜中近くまで最前列で一生懸命コールをしていた。だが、大学の授業で見かける彼女は話しかけてくるわけでもなく、何をするわけでもない、とくに学生どうしでそうした運動の話をしているふうでもない。ただ一人の「普通の学生」としてふるまっていた。

おそらくこれが、いまの多くの学生たちの典型的な「運動参加」あるいは運動への接し方なのではないだろうか。筆者や筆者の上の世代からみれば、学生は学内と学外で「二つの顔」を使い分けているように見えるかもしれない。しかし、いまの学生からすれば使い分けるもなにも、ごく普通にそういうもの、つまり大学は政治や運動を語る場ではないのかもしれない。

二〇一五年の暮れ、安保法制反対の国会前抗議のスタッフになった高校生に、「どういうふうにして参加したのか」を聞いてみた。彼女いわく「ツイッターで情報を見て、国会前に行って、その辺にいたスタッフらしき人に『一緒にやりたいんですけど』と思いきって話しかけて、一緒にやるようになった。そしたらクラスに戻っていろいろ安保とか政治の話ができるようになった」そうだ。

なるほど、「一九六〇年」「一九六八年」は大学が拠点であり、街頭は「進出する場」だったわけだが、いまは街頭やバーチャル空間が拠点であり、クラスが「進出する場」になっているというわけだ。

こうした学生たちの運動参加の経緯からは、参加することへの困難と可能性の両方が見てとれる。もはや大学内には運動参加の回路はきわめて乏しい。それは日常的な場に運動参加の回路が乏しいということであり、したがってより主体的に運動に参加するためには――多くの場合はバーチャル空間を介して――かなり勇気をもって、さまざまな回路を発掘してたどりつかなければならない。国会前抗議を中心的に担うことになる、ある女子学生は、最初は大人たちのいるところで官邸前抗議などに参加していたが、肌が合わずにツイッターで仲間を探し、そしていまの「拠点」にたどり着いたという。確かにSNSはこれまでにない運動参加の回路を無数に切り開いた。国会前抗議という匿名空間は「ゆるやかな個人の集合体」を受けとめる器として機能した。しかし、そこで新たな社会関係をつくりあげていくまでのハードルは、現実にはかなり高いと言わざるをえないのである。

しかしそれでも、近年稀にみる数の学生が社会運動を担い、また片時であってもデモや集会に足を運んだこともまた事実である。それは、この高いコミュニケーションのハードルを乗り越えて運動に参加しようという意欲が、学生たちの中に潜在していることを示している。そしてそれは「大学」「企業」「政党」といった、近代化を担ってきたさまざまな組織的拠点の権威が衰退するなかで立ち上がってきた、「個人」や「わたし」に依拠したものかもしれない。たとえば関西の「学生たちの社会運動」を担ったある学生は、自己のアイデンティティについてこう論じている。

いま、運動に参加する若者が共有する内的衝動に、原発事故による価値観の転換（既存の権威の失墜と社会運動の必要性・可能性の再発見）に加え、今日よりは明日はよくならない停滞の時代を生きるためのサバイバル的人生観があると感じている。だから、若者が運動に参加するとき、基本的な目標は「これ以上状況を悪化させるな」となるし、それは保守性を帯びることになる。私は、その表面的な部分に抵抗感を持っていたわけだが、運動に飛び込んで、その保守性のなかには、同時に私たちの世代が持つ革新性が編み込まれていると感じるようになった。……日常レベルでの知恵や実践が「日常を守りたい」という保守性の内部に脈打っている。……かつてなら大きな権威によって無下にされたであろう「わたし」たちも、政治的発言権を手に入れはじめた。それが、個人も社会も豊かにするのだと、肌感覚で知っているのである。(3)

現在の「学生たちの社会運動」に対しては、かつての「学生運動」の経験者などから、生ぬるいという批判の声があがることがある。しかし、かつての学生運動は、まさに大学をはじめとした確固たる組織化された近代的権威に対抗する急進主義だったのである。だがそうした権威が崩れ去り、彼我の対の関係が崩れたもとでは、もはやかつてのような急進主義は観念化し、宙に浮き上がらざるをえない。

いまの「学生たちの社会運動」は、一方で新自由主義的な右からの権威の破壊に対しては戦後民主主義的な保守性を盾にしつつ、他方でこの経済的・社会的困難を生き残るために、さまざまな障壁を超えて新たな社会関係を構築しようとしているのかもしれない（こうした内的衝動は社会運動次元だけではない。ルポライター鈴木大介が描く、「振り込め詐欺」に関与していく貧困層の少年たちが生き残るために集団形成していく姿とそれはエコーしている(4)）。

二〇一五年の「学生たちの社会運動」の有意義さは、政治的には安保法制に反対する運動の中心を担ったことにあったが、同時に社会的には、現在の学生の置かれている状況の困難と、それを切り開いていく可能性を目に見えるようにしたことにあるとも言えるのではないだろうか。

三 「3・11以後の社会運動」は終わらない

そして、こうした学生たちの困難と可能性は、「われわれ大人たち」にとっての困難と可能性と同一の地平にある。労働組合運動が大きく衰退し、地域社会が空洞化していくなかで、「われわれ大人たち」も職場・地域といった拠点を失いつつある。そうした日常空間での困難と不満の蓄積、そして新たな社会関係を希求する衝動こそが、われわれ大人をも街頭へと誘ったのである。反原発運動、反レイシズム運動、反安保運動、それぞれ課題は違うものの、われわれ大人も「正義」を共有できる場と仲間を求めて街頭へとくり出したのだ。二〇一五年夏の「学生たちの社会運動」が顕在化せしめた困難と可能性は全社会的なものであり、変わり崩れゆくこの国の政治社会の中で、新たな社会関係を生み出すことの苦しみと願いがそこには込められているのだ。

では、「われわれ大人」が学生たちにできることはあるのだろうか。安保国会が収束したのちの二〇一五年秋、ある高校教師は、学校内に社会問題のサークルをつくり、そこに集った学生たちを高校生たちの憲法の勉強会に連れてきていた。かれらはまだデモには参加したことはない。高校教師は筆者にこう言っていた。「学生たちは意欲も関心もある、でもそれをかたちにできる場がない。わたしたちにできるのは、できるだけその場を提供し、そっと後押しすることだけです」と。

翌週、渋谷でおこなわれた高校生たちのデモに、その高校生たちは連れ立って参加していた。デモが終わった後に声をかけると、喜びと興奮に満ちた顔を向けてくれた。「先生は来てないの？」そう聞くと、かれらは「先生はいませんよ、でも沿道にこっそりいたみたい」と笑っていた。この年の夏には、こんなふうに学生たちに機会を提供し、そっと後押ししていた教師や大人たちが少なからずいたのではないだろうか。そうした営為が「学生たちの社会運動」を支えてきたのであり、これからも支えていくことになるだろう。

＊　＊　＊

「3・11以後の社会運動」の波はこれからも止まることはない。これまで、この運動の「器」は反原発運動、反レイシズム運動、そして反安保の運動と、さまざまな課題や要求を包み込んできた。二〇一五年、安保国会が収束した後に、最低賃金アップを求めるAEQUITAS（エキタス）というグループが結成された。このグループは、国会前抗議に参加した学生たち、国会前抗議をサポートした大人たち、そして地域労働組合の人びとが一緒になってつくったものだ。一〇月一七日に一回目のデモが新宿でおこなわれ、およそ七〇〇人が集まった。その後ただちに、この最低賃金引き上げを求めるデモは札幌、京都、福岡と各地で自発的に開催されていった。原発事故から始まった「3・11以後の社会運動」はさまざまな進化を遂げながら、いま労働と経済をめぐる問題へと触手を伸ばそうとしている。「われわれ大人たち」の課題は、われわれ自身の問題として、このつねに刷新されていく動きに参与しながら、若者、学生たちの困難を理解し、機会を提供し、そして可能性を後押ししていくことにある。

注

（1）「『若い人の運動に励まされた』元東大全共闘代表・山本義隆さん回顧録」「朝日新聞」二〇一五年一〇月六日付。
（2）山本義隆『私の一九六〇年代』金曜日、二〇一五年、二一〇頁。
（3）大澤茉実「SEALDsの周辺から」（『現代思想』臨時増刊「安保法案を問う」、二〇一五年一〇月）五三―五四頁。
（4）鈴木大介『老人喰い――高齢者を狙う詐欺の正体』ちくま新書、二〇一五年。

9章　「時代遅れ」のコンセンサス
——トランプの「勝利」は何を意味するか——

……過渡期の政治が歴史に流されかけているとき、時代遅れのイデオロギーや妥協による「的はずれのコンセンサス」[1]があらわれるという現象は、アメリカ史のなかで何度かくりかえされてきた。

一　二つのポピュリズム

二〇一六年アメリカ大統領選挙におけるドナルド・トランプの「勝利」は、グローバル化のもとで「虐げられた者たちの怒り」がもたらしたという言説が流布されている。しかし大統領選の出口調査の諸結果、そして新大統領の閣僚名簿は、これらの言説が的外れであることをはっきりと示している。この大統領選挙は、トランプが勝利したのではなく、ヒラリーが敗北したのである。[2]

「トランプ勝利」を、近年はやりの世界的な「ポピュリズム」政治の一環に、フラットに還元する脱政治的・脱歴史的言説は確かに、リベラルな立場をとる者にとっては問題を他者化し、単純化し、さしあたりの納得を共有する上では簡便な解毒剤になるだろう。「われわれは反省し、今度こそかれらの声に耳を傾けなければならない」と。

だが、トランプの当選という事態のもつ意味を的確につかんでいたのは、このような「理性的な反省」を示した者たちではなく、「生理的な反発」を表明した者たちであった。トランプ当確の直後から起きた若者たちの抗議デモは、個別の政策への異議申し立てというよりも、寸法の合わない「古い衣」を無理やりに被せられた生理的嫌悪と存在論的不安に駆られて全米に広がり、大統領就任式翌日に開催された「ウィメンズマーチ」は合衆国史上最大のデモに膨れ上がったのである。

「ポピュリズム」という概念はいまやインフレ状態にある。「大衆迎合」から「新たな政治技法」まで定義の幅は広く、もはや経験的・実感的に名指されている概念にすぎなくなっている。そして、名指されたものの中にはトランプや欧州極右の「排外主義的」ポピュリズムから、スペインのポデモスやギリシャのシリザのような「左派」ポピュリズム政党、またはフィリピンの大統領ドゥテルテのような家父長的・第三世界的ポピュリスト、そして日本の橋下ポピュリズムや小池百合子のポピュリズム等々があり、これらには「既成の政治経済秩序の権威失墜の隙間から登場した」程度の共通点しか見いだせない。そもそも、ポピュリズムは「ナショナリズム」と何が違うのか？「ファシズム」と何が違うのか？ポピュリズム概念は、ファシズム、社会主義、第三世界ナショナリズムが消尽した、ポスト冷戦期のさまざまな政治変革現象を飲み込む一般名詞と化しているかのようである。

とはいえ、ここでの課題はこうしたさまざまなポピュリズムの「類型化」を試みることではない。そうではなく、予備選から続くこの「大統領選挙の一年」において、「帝国の中枢」で二つのポピュリズム政治が対抗し、競合したことの世界的な意味を考察することにある。

アメリカ政治は歴史上、幾度もポピュリズム政治の台頭を経験してきた。一八二八年には合衆国銀行を糾弾して喝采を浴びたアンドリュー・ジャクソンが大統領に当選した。一八九六年、ウォール街の金満ぶりをを非難した民主党／人民党大統領候補ウィリアム・ジェニングス・ブライアンは、共和党のマッキンリーを僅差まで追い詰めた。一九二四年の大統領選では、ウィスコンシン州の革新的農村ポピュリズム運動を基盤にした「第三党」進歩党のロバート・ラ・フォレット・シニアが、おもに中西部で票を集めた。また一九三〇年代のニューディール時代にはラジオが普及し、政治家が電波を通じて直接民衆に訴えかける手法が活用された。

ルイジアナ州ではヒューイ・ロング知事が、そして第二期政権以降はルーズベルト大統領も、ウォール街へのポピュリスト的な批判を競って展開していた。このように、第二次世界大戦までのアメリカの民衆は、富と特権の集中への反発を大統領選挙における投票行動で周期的に示してきたのである。

その後、第二次大戦の戦時体制期から一九七〇年代前半にかけてのアメリカの世界市場における圧倒的優位は、資本蓄積と完全雇用、再分配の両立を可能にし、富と特権の集中を批判するポピュリズムの台頭を封じ込めた。しかし七〇年代後半にはその優位が陰りをみせ、八〇年代のレーガン政権における金融・労働法制の規制緩和、社会保障制度の解体、最高所得税率の大幅引き下げは、所得格差を一九二〇年代の水準にまで引き戻し、さらに金融・新興企業が集中する北東部・西部と、製造業が空洞化していった中西部や南部との格差を広げていった。こうした富と特権の集中がふたたびアメリカ政治にポピュリズムを台頭させるだろうと、ニクソン大統領のスピーチライターを務めたケヴィン・フィリップスや、ニューディーラーの歴史学者アーサー・シュレジンガー・ジュニアらは九〇年代初頭に予告していた(3)。

二〇一五年の予備選からの「大統領選の一年」に台頭した二つのポピュリズムは、九〇年代以後、さまざまな角度からアメリカの政治と社会に噴出したポピュリズムの経験を継承している。この九〇年代以後のアメリカ政治におけるポピュリズムの展開を検討することで、「二つのポピュリズム」が競合した今回のアメリカ大統領選の歴史な意味を考察する必要がある。

同時にこの「二つのポピュリズム」は、アメリカ一国的な産物とはもはや言えない。冷戦崩壊後に本格化したグローバリズムと新自由主義政策の拡大は、その作用/反作用として、新たな社会運動や政治勢力を世界中で不均等に生み出してきた。これらは一括して「反グローバリズム」と名指されてきたが、しかし理念・政治技法・文化的側面において同じではなく、ポピュリズム的でありながらも、その内容において対立的・敵対的な潮流がそこから生まれてきたのである。「大統領選の一年」に台頭した「二つのポピュリズム」は、九〇年代以後の世界的な反グローバリズムの潮流の中にある政治的・文化的な対立と競合を、「帝国の中枢」で展開したともいえる。「ポピュリズム」のアメリカ特殊な展開を踏まえつつ、グローバルな文脈で捉え返すことで、「グローバルなポピュリズム現象」と名指されるものの特徴の一端を明らかにするのが、ここでの課題である。

二　時代遅れのコンセンサス

ドナルド・トランプの勝利に新しさはない。トランプの勝利は、過去にアメリカの保守・右翼が試み、採用し、時には放棄してきた、さまざまな政治戦略や担い手のガラクタを寄せ集め、つぎはぎして得られたものにすぎない。この勝利は、過渡期の政治が歴史に流されるときに登場した「時代遅れのコンセンサス」にほかならないのである。「トランプイズム」は、これまで積み上げられてきた「白人へゲモニー」「ワシントンのアウトサイダー」「アメリカとの契約」「反グローバリズム」「宗教右翼」の瓦礫に、スティーヴ・バノンの極右煽動をトッピングしたものにすぎないのである。

ニクソン政権と共和党多数派

一九三〇年代から六〇年代まで、アメリカ政治は北部・中西部の先進工業州と、保守的な南部をともに支持基盤に据えた「ニューディール連合」が支配していた。この「民主党多数派」から、公民権運動に反発する南部の白人中産階級を奪還し、現在にまで至る民主党州・共和党州の地勢の原型をつくったのは、一九六八年大統領選挙で勝利したリチャード・ニクソンである。大統領選の翌年、『共和党多数派の台頭』を著したケヴィン・フィリップスは、民主党あるいは共和党の一部が進歩主義に傾くなかで、ニクソンが「ごく普通の人びと」の代弁者であることを打ち出したことが勝因だとしている。(4) ニクソンは、ケネディ－ジョンソン政権下で泥沼化したベトナム戦争からの「名誉ある撤退」を訴え、他方でベトナム反戦運動の急進化に不満をもつ階層の「サイレント・マジョリティ」に訴えかけ、労働組合に組織されたブルーカラー労働者層からも支持を調達し、七二年大統領選挙では大勝利を収めたのである（この大統領選で、従来は民主党支持だった労働組合のナショナルセンターＡＦＬ－ＣＩＯは、ニクソンと民主党候補のマクガバンのいずれにも支持を表明することができなかった）。

ただし、「ケインズ主義者」を自称するニクソンは野放図な資本主義には冷淡だった。ニクソンは、ジョンソン政権の「偉大な社会」計画を批判し当選した一方で、リベラル派の都市社会学者ダニエル・パトリック・モイニハンを片腕に、都市貧困層への社会福祉改革をすすめた。ニクソン政権では高い法人税率が維持され（もちろんこれはベトナム戦争の戦費調達のためでもある）、分厚い中産階級を重視した規制強化がすすめられた。ジョンソン－ニクソン政権期はアメリカ史上、ケインズ主義的福祉国家にもっとも接近した時代といえるだろう。「トランプイズム」が席巻した二〇一六年大統領選挙は、この時代につくりあげられた二大政党の勢力配置図の「抜け殻」の上に闘われたのである。

ニクソンがつくりあげた「共和党多数派」は、その後一九九二年まで、カーター政権の一期を除き共和党に大統領の座を与えることになった。だがこの時期にこそ（規制緩和を推進したカーター政権を含め）、先述したように共和党は新自由主義化し、戦時体制以後の社会的・経済的コンセンサスは崩れ、産業空洞化がすすんだのである。二〇一六年の大統領選挙では「中西部の労働者階級の怒り」が強調されたが、一九八九年制作のマイケル・ムーア監督のドキュメンタリー「ロジャー＆ミー」ではすでに、ミシガン州フリントのＧＭ工場の海外移転に抵抗する怒れる労働者たちの姿が記録されている。以後四半世紀あまりにわたり、かれらの怒りは大統領選のたびに思い出され、その都度反省と代弁がなされ、そして忘れられてきたのだ。一九九一年から九二年の「大統領選の一年」は、こうした怒りがポピュリズム政治に結びつく、第二次世界大戦後最初の契機となった。九二年大統領選に出馬したロス・ペローは、政治家経験のない「ワシントンのアウトサイダー」の起業家であり、自由貿易と銃規制反対を唱えたペローの支持率は一時トップに躍り出ていた。結果的に大統領選挙でのペローの得票率は二割程度にとどまったが、彼がＮＡＦＴＡ（北米自由貿易協定）反対を掲げて九五年に結成した「改革党」から、後述するパット・ブキャナン、そしてドナルド・トランプが大統領選に挑むことになったのである。

ビル・クリントンの裏切り

一九九二年の大統領選では、現職のブッシュ（父）を破りビル・クリントンが勝利した。クリントン陣営は、少なくとも政権発足当初までは「富と貧困」問題を多数派形成の重要な鍵と考えていた。フィリップスは、八九年大統領選挙における民主党候補デュカキスの敗因を、彼が州知事を務めるマサチューセッツ州の財政均衡と経済的成功を前面に打ち出し、選挙戦の争点を競争力に据えたことにより、格差と貧困をめぐる経済問題というポピュラーな問題を回避したことにみている[5]。事実、八九年大統領選挙の最終盤ではデュカキスの「リベラル性」、すなわち州知事としての寛容な刑務所政策が犯罪を増加させたというところに論点が移行し、経済問題は後景に退き、支持は急落していったのである。

「中間層に照準を合わせた穏健なリベラル」「ニューデモクラッツ」として大統領選挙に臨んだクリントンであったが、選挙陣営の中ではポピュリズムの重要性は自覚されていた。アーカンソー州知事という南部の代弁者であり、庶民派のポピュリストという偶像《イメージ》を梃子に、「一九八八年には、デュカキスとブッシュというエリートを指名した」が、「どちらの人物も、どちらの考え方も、国民には歓迎されなかった。一九九二年の選挙はかならず経済問題が争点になる。どういう名前をつけようと、民主党はポピュリズムの剣をふりかざす以外にない」というのが陣営の戦略だった(6)。民主党大統領候補指名選挙の最大のライバルだったポール・ソンガスの最大公約は、デュカキスと同じ「財政赤字削減」であった。これに対し、クリントン候補の公約「アメリカの将来のための計画」は、すべての国民に奨学金と健康保険を約束する、中間層の一〇%減税と児童控除、高速道路建設等の緊急投資、住宅ローンと中小企業向けローンの拡大という、積極的な財政投入が掲げられていた。

大統領になるまでのクリントンの「教科書」は、ロバート・ライシュの著書『ザ・ワーク・オブ・ネーションズ』であった(7)。ライシュはハーバード大学の社会経済学者であり、第一次クリントン政権の労働長官を務めることになる。同書の主張を要約すればこうである。グローバル化と多国籍企業化は不可逆的趨勢であり、かつてのような企業の利益と国益が一致する国民経済はたそがれつつある。国内に留置される資源は労働力とインフラのみであり、政府はまず道路、橋、高速道路などのインフラへの投資を積極的におこない、また教育と職業訓練に財政を投入し、知識労働者（シンボリック・アナリスト）を養成することで新たな国際分業関係の中で資本蓄積構造を確立し、その上で福祉による再分配をおこなうべき、というものである。こうした主張に対しては、「多国籍企業経済と国民経済との利害の乖離を認めたうえで、多国籍企業の責任に矛先を向けさせない、いわば多国籍企業型リベラルの戦略」という位置づけ・批判はありえよう[8]。事実ライシュの構想は――彼の意図を超えて――少数の上層労働者と、それを支える膨大なサービス労働者の出現という、新たなグローバルな分業関係の国内分業関係への転化というかたちで実現されていったからだ[9]。

しかしながら、他方でライシュは、グローバル化を所与にするものの、福祉や教育投資を重視する積極財政派という点において、また経済的・文化的障壁による「国民の分裂」に警鐘を鳴らす点において、オールド・ニューディーラーの継承者でもあった。当初クリントン政権は、公約に「アメリカの将来のための計画」を掲げ、国民皆保険制度、中間層の減税と児童控除、インフラ投資などの積極財政を掲げた。しかし就任数カ月で医療・福祉改革は断念され、指名争いをしたソンガスと変わらない緊縮財政策を打ち出した。確かに九〇年代アメリカは長期的な経済成長を実現し、九八年には財政黒字化を達成したが、NAFTAをはじめとする自由貿易の推進と金融・労働規制の緩和は、階層的・地域的格差をより広げていくことに帰結した。民主党の支持基盤は、多文化主義的な政策によりマイノリティからの支持は維持したものの、階層的には上層へとシフトしていった。

このように、ライシュが提示した教育・職業投資は事実上無視された。怒れるライシュはクリントンに次のようなメモを送ったといわれている。

「アメリカ企業は、〔赤字削減によって――引用者〕あらたに生まれる資金をつぎのように使ってはならない。(a)一九八〇年代のように、投機に使ってはならない。(b)経営陣の報酬を増やすために使ってはならない。(c)生産性を向上させるにしても、ただ人間を機械に置き換えるために使ってはならない。(d)訴訟の弁護士団の費用に使ってはならない。(e)労働組合つぶしのコンサルタントを雇うために使ってはならない。(f)海外に新しい工場を建てるために使ってはならない。……その道を選択しないかぎり、赤字を減らしても、普通のアメリカ人の生活は改善されない」……金持ちの増税だけでは十分ではない。製薬会社などが、国民の犠牲の上に利益を増やすことがないよう、反トラスト法を強化する必要がある。「ひろがる一方の所得格差を是正するため」、企業が経営者に法外な報酬を支払った場合には、ある限度以上は経費として認めないようにしなければならない。そして「豊かで教育水準が高い人たちは、郊外のゲットーに固まって住むべきではなく、付近の住民に背を向けるべきでもない[10]」。

第一次クリントン政権をもって政界を去ったライシュは、のちにこの時代のことを回顧している。医療改革法案の挫折は政治運動が存在しなかったからであり、それは民主党が大多数の中産階級、勤労者階級から撤退し、エリート支配の党に変貌したことが原因であるとする。そして、

民主党はすべてのアメリカ人にもっとましで安定した職、もっとよい学校、もっと負担しやすい医療と育児、もっとしっかりした退職後の生活保障を確保するための大胆な政策提案で対応することができたはずだ。これらすべてに関して従業員を助けるべき企業の責任について、政治を金で腐敗させないための富裕なエリートの責任について、ポピュリストとしてのメッセージを発

することができたはずだ。しかし……何もしてこなかった。それどころか、いくつかの局面では、正反対のことをしたのである。……クリントンはアメリカ国民に真実を語ることができたはずだ。すなわち、一九九〇年代の経済的ブームは主として一握りの人々を富ませただけだったこと、ほとんどのアメリカ国民は以前よりほんの少しましになっただけだったこと、ブームが崩壊したとき、われわれは富と権力をますます少数の人々の手に集中させている経済と社会の底に横たわる構造的な問題になお直面しなければならなかったことを。(11)

結局のところ、クリントン政権の財政・金融・福祉政策は有権者に失望を与え、二〇〇〇年の子ブッシュが勝利した選挙の投票率は、年収五万ドルから七万五〇〇〇ドルの人びとが六九％、一万ドル以下、つまり貧困ライン以下の世帯の投票率は三八％である。(12)またその当然の帰結としての民主党の支持基盤の縮減あるいは上層へのシフトにより、かつての支持層を共和党と新保守主義に明け渡し、次期ブッシュ政権を支えていくことになる強固な基盤を提供したのである。

オバマ政権は「ニューディールの再来」か？

では、オバマ大統領はこのクリントンの二の舞だったのだろうか？「リンドン・ジョンソン時代を生き延び、ベトナムでの大量殺戮を維持するために破壊された真のニューディール的な計画だった、貧困との戦争を見続けてきた」ことを自認する社会学者マイク・デイヴィス。彼が、オバマは「知的にも政治的にも、クリントン主義の気乗り薄な継承者」であるが、しかし「もっとも厄介のケースも思い浮かぶ。オバマ政権の失敗が、チェイニーやカール・ローブ、あるいはもっと邪悪な権化が舞い戻るという舞台を設《しつら》える可能性だってある」と、オバマの就任当初から予想していた。[13] 大統領選直前に金融恐慌が起きたことで、「富と貧困」をめぐる問題は否応なしに争点化し、ポピュリズムはオバマを大統領に押し上げた。大恐慌は一九二九年の世界恐慌の記憶をよみがえらせ、その対応としての「ニューディール」が政治言説として復活した。しかし巷間語られる「オバマのニューディール」の内容とは、これまで述べてきたような初期クリントンの政策と、いったいどこが違うのだろうか（医療保険改革にはヒラリーがいた、「グリーン・ニューディール」にはアル・ゴアがいた）。これに対してデイヴィスがいう「真のニューディール」とは何か。デイヴィスいわく、「大切なことは、ニュー・ディール政策が善意あるいはホワイトハウスの構想力から自然に発生したわけではないということである。……一九三五年以降の第二期ニュー・ディール政策をめぐる社会契約は、われわれの歴史におけるもっとも巨大な労働運動への複雑で状況対応的な応答だったのであり、第三の政党が当該期の政治的地勢では依然として徘徊しており、マルクス主義がアメリカの知的生活に途方もない影響力をもっていた時代の出来事だったのだ[14]」。

大恐慌をまともに食らった共和党フーヴァー政権（一九二九―三三年）の後を襲って登場したフランクリン・ルーズベルト大統領は、もともとは「財政均衡論者」であり、選挙戦ではお互いの「無駄な支出」に対する応酬がなされた。政権発足後ただちに、銀行の国有化は回避すること、政府の支出を削減することが宣言され、保守派の安堵を誘った。[15] ルーズベルトの関心は景気回復、あるいは農業問題と資源（環境）保全問題に向けられていた。市民的自由をめぐる問題にはさしたる関心を寄せず、労働組合にも無関心だった[16]。ルーズベルトのみならず「ニューディーラー」はほとんど誰も、労働運動の復興とその創造性に期待などしていなかったのである[17]。

　つまり、発足当初のニューディール・リベラルは、新たな社会統合を確立する哲学も構想も持ちえていなかったのである。そこに首尾一貫性はなく、非系統的かつ内部矛盾を孕みつつ進行したのであり、それが一九三五年以降、社会立法や憲法革命を作動させ政治ヘゲモニーを確立せしめるに至った起動因は「下からの力」に見いだされる。この位相からニューディールを論じるにあたって、念頭におくべきは以下の二点と思われる。第一に、労働運動や自発的結社による社会の組織化の進展とそのイデオロギー、第二に、それと不可分の関係にある革新勢力の組織的・文化的関与、である。ニューディール時代と九〇年代以降のアメリカ政治を決定的に分かつのは、後者にはこの二つの条件が欠如していることである。

極右ポピュリズムの台頭とヘゲモニーの再編

　革新勢力の大衆的な組織的・文化的関与と統合力の欠如が、マジョリティの文化的・経済的な剥奪感と存在論的不安を高めていくことに帰結した。そしてその空白が、白人中心の民兵運動、極右宗教の求心力を高めたのである。九〇年代はアメリカの国内極右テロがもっとも活発な時期でもあった。ブッシュ政権が唱えた冷戦崩壊後の「新世界秩序」を「シオニストが支配する政府による陰謀」とみなした元グリーンベレー隊員ランディ・ウィーバーらがＦＢＩと銃撃戦をくり広げた「ルビー・リッジ事件」（九二年）、カルト宗教「ブランチ・ダビディアン」が籠城し銃撃戦の上八一名が死亡した

「ウェイコ事件」（九三年）、そして「ルビー・リッジ、ウェイコ事件の復讐」を掲げ、当時アメリカ史上最悪の八〇〇人以上を死傷させた「オクラホマ州連邦ビル爆破事件」（九五年）等である。こうしたテロの連鎖は、グローバル化による文化的・経済的な剝奪感と、クリントン政権が推進した銃規制への反発が結びついた、防衛的かつ人種主義的なナショナリズムとエコーしていた。[18]

そして、公正な処遇がなされないことへの絶望感は、歪曲された時代遅れのコンセンサスをつくりあげてしまう。トランプ政権の閣僚入りが噂されたニュート・ギングリッジ。彼は共和党院内総務として、テロが連鎖するさなかにおこなわれた九四年の連邦議会中間選挙に、「アメリカとの契約 Contract with America」を掲げて挑んだ。「均衡財政、治安強化、福祉の自己責任化、国連ＰＫＯへの派兵制限、家族の保護、雇用創出」といった契約リストは簡単明瞭で、中産階級の保守的かつ防衛的な感性を揺さぶるものだった。かつて「ウォール街への怒り」が周期的に起動させたアメリカの伝統的ポピュリズムは、「富」に対してではなく「文化」をめぐる契約に歪曲され再登場した。しかも、この中間選挙で共和党は圧勝し、四〇年ぶりに上下院の多数派を制することになった。トランプが大統領選終盤の一〇月二二日に、ゲティスバーグの演説で披露した「アメリカ有権者との契約 Contract with American voter」がギングリッジのパクリであるのは言うまでもない。だが、「法と秩序の回復」「労働者の保護」「腐敗防止」という使い古された文言が並ぶトランプの契約リストが、二〇年の時を経て、縮小し高齢化した白人中産階級の文化的ノスタルジアの外側にまで共感を広げたとはとても思えない。

とはいえトランプは、クリントンと共和党がＮＡＦＴＡを推進した九〇年代の構図とは異なり、Ｔ

PPを推進するオバマと共和党に対して、共和党候補として反旗を翻した。しかしこれも、「ワシントンのアウトサイダー」ロス・ペローの改革党の、二〇〇〇年時の大統領候補の座をトランプと争ったパトリック・ブキャナンの「反グローバリズム」からの借用にすぎない。二〇〇〇年大統領予備選でブキャナンを（正しくも）「極右、まるでヒトラーのようだ」と批判していたトランプが、いつどのようにして、ブキャナンに称賛されるまでに「転向」したのかは定かではない。だが、冷戦崩壊後、欧州で台頭した極右分離主義に呼応するブキャナンの思想を、子ブッシュ政権以降ラティーノにウイングを広げはじめ、かつTPPを推進する共和党主流派に対して、あらためて白人層を結集する「復古主義的」カウンターを仕掛ける上ではメリットがあるとトランプは判断したのかもしれない。

かつてニクソン大統領のスピーチライターを務めたブキャナンは、当時の「共和党多数派戦略」をこう評している。

一九六八年から九二年にかけての四半世紀、共和党は事実上、大統領席をがっちり支配していた。ニクソンの創出した「ニュー・マジョリティ」はレーガンに継承され、共和党は六選で五勝を挙げた。勝因は共和党の伝統的支持基盤に民主党系の二ブロック——北部のカトリック系と南部の白人プロテスタント——を加えたことだ。ニクソンは愛国心、人民主義、保守主義の協調によりこれらの有権者を革新路線から離反させ、共和党は工業州と、南北戦争終結以来の民主党の地盤「堅固な南部《ソリッド・サウス》」でも票を伸ばした。マクガバンもモンデールもデュカキスも黒人票の九割は取っただろうが、白人票の六割、つまり〔人口——引用者〕全体の九割超の票を獲得した共和党が当然ながら圧勝した[19]。

同じくニクソンのスピーチライターを務めたケヴィン・フィリップスが、ニクソンの「多数派戦略」を「富の分配」の側面から評価しているのに対して、ブキャナンは「白人へゲモニーの確立」の側面から高く評価している。つまるところ、ブキャナンの「反グローバリズム」は「富と貧困」をめぐる問題ではなく、「白人多数派の維持」が目的なのである。

ブキャナンの主張は、端的に言えばこのようなものである。西洋の文明は危機におちいっている。アングロサクソンをはじめとした白人は世界人口の中で少数派に転落していく。アメリカも二〇五〇年には白人がついにマイノリティに転落する。それにもかかわらず、八〇年代以後の共和党は自由経済の推進のみに専念し、NAFTAやWTOを承認し、リベラルのグローバルで多文化主義的な「文化戦争」に席を譲ってきた。ルカーチ、グラムシ、アドルノ、マルクーゼといった「文化マルクス主義者」は、「政治的公正さ《ポリティカル・コレクトネス》」を盾にアメリカの伝統的統一性を破壊し、家族の崩壊と人工中絶は大切な白人人口を減少させた。「少子化、国境開放、反西洋・多文化主義の勝利——今日直面している問題はどれも、アメリカが単一国家として存続できるか否か、西洋文明が存続できるか否かを左右する問題だ。なのに多くの保守派は……敵前逃亡していた[20]」。ブキャナンが掲げた政策は、おおよそ以下のようなものだ。

大家族を守り人口を増やす政策／合法移民受け入れの二五万人までの縮小／海外からの技術労

働者の流入の阻止／不法移民の厳格な強制送還／国境線の堅持／移民の英語教育による同化／バイリンガル教育の廃止／NAFTAの撤廃／不法移民を受け入れる企業の厳罰化／IMF・世界銀行に対する資金投入の停止／WTOは廃絶し貿易協定は二国間とする／国際刑事裁判所からの離脱／国連軍創設反対／NATO拡大に反対／欧州、アジア駐留米軍の完全撤退(21)

ブキャナンは二〇〇〇年大統領選では得票率わずか〇・四％で敗退した。しかし同じ政策を借用したトランプが、その一六年後に大統領に当選するに至ったのは、人口・文化・経済の面で収縮しマイナー化していく白人中産階級の相対的剥奪感、存在論的不安がより高まっていることも要因のひとつではあるが、それとともに、ギングリッジが開拓し茶会運動《ティーパーティー》が地固めをした、経済問題の文化問題へのすり替え戦略と折衷的に結びついたことで、「多数派」をつくりあげることができたからと思われる。

残るは、二〇〇九年に発足し二〇一〇年の連邦議会中間選挙で共和党を勝利に導いた、極右茶会運動の位置づけである。オバマ政権に対抗し、医療保険改革をはじめとする政府の介入に反対するリバタリアン的な茶会運動の経済理念は、トランプの政策とは少なからず対立的である。二〇一六年大統領選挙予備選で茶会運動は共和党候補テッド・クルーズを支援したが、最終盤でトランプに敗北した。共和党候補に指名されたトランプは、茶会運動のメンバーで極右のマイク・ペンスを副大統領候補に指名した。それを受け茶会運動――とりわけその中心を占めるキリスト教福音派――は、党派性の強さゆえに、「トランプの共和党」に文化的に妥協し「鼻をつまんで」投票したと思われる。

トランプのヘゲモニーとその限界

ニクソン政権時代に多数派をつくりあげた共和党は、八〇年代には新自由主義とグローバル化を推進し、支持基盤である白人中産階級の地位低下を招いていった。九〇年代の共和党は、こうした白人中産階級から湧き上がるポピュリズムの機運を「経済問題」ではなく「文化問題」へと巧みにすり替えることで多数派を維持しようとした。トランプ陣営はこうした過去のすり替えの技法を再利用し、文化保守主義をブキャナンばりの「反グローバリズム」に節合することで、「多数派」の再構築にさしあたり成功したのである。

しかしながら、「トランプイズム」が一方で明らかにしたのが、この白人中産階級を担い手とする文化政治には、国民統合を形成する能力はもはやないということだ。ブキャナンが指弾した「共和党の進撃を止めた一九六五年移民法」制定以後、アメリカ合衆国の多民族・多人種化はすすみ、高等教育の拡大は着実に文化保守主義の守備範囲を狭めている。四半世紀にわたる共和党の攪乱的な戦術は、白人人口が減少していくなかでの「時間稼ぎ」にすぎず、その代償として、この階級が階級的利益を適正に政治に反映させ、他の階級と節合してヘゲモニーを構築する回路を遮断してしまったのである。

このトランプの「時代遅れの勝利」を、歴史上の「茶番劇」として名高い一八五一年一二月二日のフランス・ナポレオン三世の「ブリュメールのクーデター」になぞらえることができるとすれば、それは彼らの勝利を支えた担い手についてだろう。カール・マルクスは、クーデターを敢行したナポレオン三世は「フランス社会で最も人数の多い階級、分割地農民を、代表している」という。マルクスは、フランス革命による封建的土地所有制度の解体により生まれた零細な分割地農民の階級的な自立性の不在、コミュニケーションと分業能力の欠如、したがって自らの利害関係を政治化できず、他の階級との節合もできない保守性こそが、ナポレオン三世の支配を支えたとみなした。

ボナパルト王朝は、革命的農民ではなく、保守的農民を代表しているのであり、その社会的生存条件である分割地を越えて押し進む農民ではなく、むしろその守りを固めようとする農民を、都市と結びついた自分自身のエネルギーによって古い秩序を転覆しようとする農村民衆ではなく、その反対にこの古い秩序に鈍感に閉じこもり、自分の分割地ともども帝政の幽霊によって救われ、優遇されるのを見たいと思う農村民衆を、代表しているのである。ボナパルト王朝は、農民の啓蒙ではなく迷信を、農民の判断力ではなく偏見を、農民の未来ではなく過去を、農民の現代のセヴァンヌではなく現代のヴァンデを代表する。(22)

トランプの「勝利」は、グローバル化で変わりゆくアメリカの最後の反動でありノスタルジアかもしれない。大統領当確直後に壇上にあらわれたトランプ、その家族、白人スタッフたちの雄姿に歓喜する聴衆の後ろに並ぶ者は、わずかしかいないのだから。

三　もうひとつのポピュリズム

パトリック・ブキャナンらが唱える「反グローバリズム」が分離主義的・一国主義的であるのに対して、グローバル化とともに革新した情報技術を駆使し、国境を越えた「反グローバリズム運動」は、一九九九年のシアトルの反WTO闘争などを契機に反G8闘争、「世界社会フォーラム」といった超国家的な敵と対抗する運動を二〇〇〇年代前半にくり広げてきた。この国境を越えた反グローバリズム運動は、二〇一一年を契機に、一国的でポピュリズム的な民主主義運動に接続されていった。二〇一一年は「アラブの春」にはじまり、スペインの「怒れる者たちの運動」、アメリカのオキュパイ運動、のちに政権を奪取するギリシャの反資本主義運動、そして日本の反原発運動と、世界的に大衆的な運動が活性化した。マイク・デイヴィスは、この「二〇一一年の運動」の担い手について、一九六八年の学生反乱と比較しつつこう評している。

一九六八年の欧州と合衆国におけるキャンパスの反乱は、ベトナムにおけるテト攻勢、ラテンアメリカのゲリラ蜂起、中国の文化大革命や合衆国のゲットー蜂起に精神的、政治的に喚起された。同様に、昨年〔二〇一一年――引用者〕の「怒れる者たち」は、チュニスやカイロをモデルに原初的な力を引き出した（南欧のアラブ移民の数百万の子孫たちは、ヴィヴィッドかつミリタントにこの緊密なつながりをつくりだした）。結果として、情熱的な二〇代はいまや、フェルナン・ブローデルの、本来の（fundamental）地中海の両岸の広場を占拠しているのだ。しかしながら一九六八年には、〔北アイルランドという重要な例外をともないつつ〕合衆国と欧州の白人の若者の抵抗者の中で、南の国々をかれらのカウンターパートナーとみなし実存的リアリティを共有していたのはほんの一部だった。たとえ実際にはそこまではなかったにせよ、ほとんどの者は大学の学位が豊かな中産階級のキャリアになることに希望を抱くことができたのだ。

対照的に今日は、ニューヨーク、バルセロナ、そしてアテネの抵抗者たちの多くは、かれらの両親よりも劇的に悪い展望しか抱けず、カウンターパートであるカサブランカやアレクサンドリアの人びとに接近している。〔オキュパイ運動がおこなわれた――引用者〕ズコッティパークの占拠者の中には、一〇年早く卒業していればヘッジファンドや投資銀行で年棒一〇万ドルをあっさり得られたかもしれない者がいるのだ。グローバルにみて、若年成人の失業は記録的水準である。ＩＬＯによると、多くの国の若者の二五～五〇％が失業しており、それがさまざまな抵抗を牽引しているのだ。その上、アラブ革命のるつぼ北アフリカでは、大学の学位は雇用の見込みに反比例する。他国でも同様に、家族の教育投資は、相当な負債を背負った場合には負の配当を払うことになる。同時に、高等教育へのアクセスは、合衆国、イギリス、チリでもっとも顕著なように、より限定的なものになっている。[23]

高等教育を修めつつも安定的な雇用が得られない「知的不安定雇用者層」の登場が二〇一一年の世界的な社会運動の原動力であり、かつ「若者の状態」は、かつての先進国と第三世界の実存的な壁を崩しつつある、とデイヴィスは指摘する。この「知的不安定雇用者層」は二〇一一年以後も、アジアでは二〇一三年の台湾ひまわり運動、二〇一四年の香港雨傘革命の原動力になっていった。しかもこれらの運動は、先進的な若者層を軸としながらも、他の階層と節合していく知的・文化的能力を有している。二〇一一年のオキュパイ運動は学生や左翼、マイノリティのみならず退役軍人、ブルーカラー労働者といった、ニクソン政権期ならば敵対していた階層を同じ「広場」に結集し、共通の敵に抗する合意形成の場をつくりあげた。[24] このオキュパイ運動で練り上げられた要求と技法が、二〇一五年の民主党大統領予備選に党外から立候補し、ヒラリー・クリントンと予想外の大接戦をくり広げたバーニー・サンダースの選挙運動に継承されたのである。「トランプイズム」が単色かつ分離主義的であるのに対して、「オキュパイ＝バーニー」のポピュリズムは多様かつ統合主義的である。共和党の偽りのヘゲモニーにより構築された「赤い州《レッドステイト》」「青い州《ブルーステイト》」の壁を破り、新たな階級政治を創出する潜在的能力がこのどちらにあるかは、もはや言うまでもないだろう。「大統領選の一年」に展開した、異なる担い手をもつ「二つのポピュリズム」の対立と競合は、対立と競合それ自体を「モジュール」として、これから各国に伝播していくことを予示しているのかもしれない。

注

（1）ケヴィン・フィリップス『富と貧困の政治学――共和党政権はアメリカをどう変えたか』吉田利子訳、草思社、一九九二年、七頁。

（2）投票結果の分析については以下を参照。マイク・デイヴィス「革命はこれからだ」後藤愛由美訳、『現代思想』二〇一七年一月号、六六―七一頁。本稿中でのデイヴィスの「ラストベルトで民主党から離反した票は、トランプというよりも第三党か棄権にまわった」という指摘は以下の投票分析でもなされている。http://www.slate.com/articles/news_and_politics/politics/2016/12/the_myth_of_the_rust_belt_revolt.html

（3）アーサー・シュレジンガー・ジュニア『アメリカ史のサイクルⅠ　外交問題と国益』飯野正子訳、パーソナルメディア、一九八八年、七二頁。

（4）前掲フィリップス、六九頁。

（5）前掲フィリップス、九〇―九一頁。

（6）ボブ・ウッドワード『大統領執務室――裸のクリントン政権』山岡洋一訳、文藝春秋、一九九四年、三〇頁。

（7）ロバート・B・ライシュ『ザ・ワーク・オブ・ネーションズ――二一世紀資本主義のイメージ』中谷巌訳、ダイヤモンド社、一九九一年。

（8）後藤道夫「現代帝国主義第二段階の経済的基盤」（『講座現代日本2　現代帝国主義と世界秩序の再編』大月書店、一九九七年）二七七頁。

（9）ジョック・ヤング『後期近代の眩暈――排除から過剰包摂へ』木下ちがやほか訳、青土社、二〇〇八年、一五一―一九一頁。

（10）前掲ウッドワード、一七四―一七九頁。

（11）ロバート・B・ライシュ『アメリカは正気を取り戻せるか――リベラルとラドコンの戦い』石塚雅彦訳、東洋経済新報社、二〇〇四年、二六二―二六四頁。ライシュの辞任は子どもとの時間を大切にしたいというのが一応の理由だった。ちなみにクリントンの自伝『マイ・ライフ』では、あれだけ密接な間柄であったライシュについての言及がほとんどない。

(12) 前掲ライシュ、二六五―二六六頁。
(13) マイク・デイヴィス「大統領選の蒙昧と経済崩壊――オバマはグランド・キャニオンを直視できるか?」長原豊訳、『現代思想』二〇〇九年一月号、一九七―一九九頁。
(14) 同前、一九四頁。
(15) アーサー・シュレジンガー・ジュニア『ローズヴェルトの時代――ニューディール登場』佐々木専三郎訳、論争社、一九六三年、一三頁。
(16) Samuel Walker, *In Defense of American Liberties : A history of ACLU*, Southern Illinois Press, 1999, pp. 96-97.
(17) 前掲シュレジンガー、三二七頁。
(18) 九〇年代クリントン政権についての叙述は拙著『国家と治安――アメリカ治安法制と自由の歴史』(青土社、二〇一五年)第六章に基づいた。
(19) パトリック・J・ブキャナン『病むアメリカ、滅びゆく西洋』宮崎哲弥監訳、成甲書房、二〇〇二年、一八三―一八四頁。他方でブキャナンは、一九六五年の移民法改正によるアジア、ヒスパニック系移民の増大が、白人中心の共和党のヘゲモニーを後退させたと指摘している。
(20) 同前、一三六頁。
(21) 同前、二九四―三四〇頁。
(22) カール・マルクス『ルイ・ボナパルトのブリュメール一八日』平凡社、二〇〇八年、一七六―一七九頁。
(23) Mike Davis, "Spring Confronts Winter," *New Left Review*, Nov-Dec, 2011.
(24) オキュパイ運動の形成と展開についてはデヴィッド・グレーバー『デモクラシー・プロジェクト』木下ちがやほか訳、航思社、二〇一五年。

II.

10章　「新しいアナキズム」と二〇一一年以後の社会運動

アナキズムは高踏理論構築の役に立たないだけではない。それは何よりも、実践の形式にかかわるものなのである。だから、それが何より重視するのは〈方法が目的と協調していなければならない〉〈権威主義的な方法によって自由を獲得することはできない〉〈できうる限り、自分の友人や同志との中で、自らが目指す社会を具現化せねばならない〉である。(1)

はじめに

「今日、左翼思想は岐路に立ちいたっている。過去の『自明な真理』――つまり、分析と政治的推論の古典的形態、紛争における諸勢力の性質、左翼の闘争や目標の意味そのもの――は、雪崩を打ったような幾多の歴史的変容によって、深刻な挑戦を受けてきた」(2)。左派政治学者であるエルネスト・ラクラウとシャンタル・ムフが、著書の冒頭でこのような問いを発したのは一九八五年のことである。だがこのラクラウ＝ムフが言及する「深刻な挑戦」は、むしろそれ以後にこそ、激しくなされることになった。八九年の東欧社会主義の崩壊と天安門事件、九一年のソビエト連邦の崩壊と「体制としての社会主義」の事実上の終焉、冷戦崩壊による市場の本格的世界化とグローバル化の進展、そして新自由主義改革の席巻、等々である。

もちろん、左翼思想はこの二十数年を等閑に過ごしてきたわけではない。ナショナリズム、グローバル化、新自由主義といった、この間の基軸をなす支配構造についての分析は数多くなされてきた。二〇〇八年の「リーマンショック」を受けた格差社会化の進展は、マルクス主義の再活性化につながるかと思われたこともあった。しかしながら、これらの分析が「実践の形式」において力を発揮したとはとてもいえない。先進国に限ってみても、共産主義政党の勢力は著しく衰退し、社会民主主義政党はアイデンティティを喪失した。議会外においても、正規雇用中心に組み上げられてきた労働組合運動の、労働市場の流動化に対応するような根本的転換はすすまなかった。階級概念は過去のものとされ、理論が担い手を喪失することで、二〇世紀の左翼を規定してきた知識人と政党、運動のきずなは大きく弛緩したのである。このように、マルクス主義の実践レベルでの機能は著しく後退したと言っていいだろう。

だがその一方で、これまでにも論じたように、わたしたちは現在、直接行動的社会運動の世界的な台頭を目の当たりにしてもいる。日本でも二〇一一年三月一一日の大震災と原発事故を受け数十年ぶりに大規模な抗議行動が起こり、二〇一三年に入ると反レイシズムの直接行動が台頭し、二〇一五年には安保法制に反対する抗議運動が国会前を埋めた。こうした運動は、ナショナルな統合を揺り動かす政治変革に結びつくものから、極右ポピュリズム運動――米国の茶会運動や日本の在特会の運動

――へのカウンターとして登場したものなど多種多様ではある。だがこれらに共通しているのは、なんらかの党派や政治勢力に牽引されたものではないこと、特定の理念や世界観に牽引されたものではない、実践重視の運動だということである。

これらの諸運動は、マルクス主義をはじめとした左翼思想の権威が失われるなかで出現した。それは、かつては社会主義陣営が領有していた広大な空白地帯から生まれた。冷戦崩壊後、この空白地帯は右翼ポピュリズム運動に奪われたままだ。

ここで定義する「新しいアナキズム」とは、この空白地帯を奪還するために、権威主義に対抗し民主主義を希求するプロジェクト総体をあらわすものである。少なくとも冷戦期以後の「アナキズム」は、「ユートピア的夢想家」あるいは「暴力的テロリスト」という、民衆性が欠如したものとしてイメージされてきた。事実「アナキズム」は――まさに傑出した自由な個人の物語として語られることによって――それを肯定する側からも、「個人主義的」なものとして一般的に扱われてきたのである。だが現在、二〇世紀のシステムを支えたさまざまな権威的な装置が、資本とそれに対抗する民衆の力によって動揺し、システムの再編が生じるなかで、いままた原初的なアナキズムが有していた自治・共同・民主主義・民衆性の理念が、新たな装いをもって実践領域の中で位置を占めていると思われるのである。

本章では、一九世紀においては有力な思想潮流であった「アナキズム」が、二〇世紀においてどのように構造的に抑制され、それがいまふたたび民衆性を回復し新しい様相で復活してきたかについて、その軌跡を論じていく。さらに、このように定義した「アナキズム」の文脈から、二〇一一年以後の日本の諸運動について論じていく。

一　「二〇世紀」におけるアナキズムの困難

周知の通り、一九世紀中庸まではマルクス主義とアナキズムは同じ「左翼陣営」の中で知的・人的交流関係をもっていた。しかしながら、一八四八年欧州革命を経て国民国家が世界を覆いはじめ、欧州各国の労働運動が次第に大衆化し、言語的・文化的なネイションの確立に対応していくなかで、同じ左翼陣営であった共産主義運動、そしてのちに登場する社会民主主義勢力は、ドイツ社会民主党を筆頭に、議会主義とナショナリズムを肯定していくことになる。一九一七年のロシア革命と続くコミンテルンの創設は当初ナショナルな国境を越えることを志向したが、ソビエトは一国主義化し、各国共産党もそれにならい国民国家単位で整序されていく。社会民主主義政党、そしてのちの共産主義政党は議会内での実力を確保し、そうすることで社会改革をすすめる政治的実効性を維持していったのである。これに対して、国家を正面から否定するアナキズム思想は、さまざまな運動の理念や実践の中に「要素」として孕まれつつも、おもに文化・芸術といった領域において力を発揮する存在になっていった。

こうした左翼思想・運動の分岐は、先進資本主義国家についていえば構造的に規定されていた。二〇世紀の「アメリカニズム」が主導した大量生産－大量消費によるフォード主義的な蓄積体制の普及と「階級妥協」的な労働者階級の中産階級への統合、歴史学者エリック・ホブズボウムが「黄金時代」と呼ぶ、高度経済成長期に確立した労働と家族モデルは、国民多数派の規律化と組織化を確立せしめ、「政治」は「議会」に収斂していくことになる。「アナキズム」は、ソビエトをはじめとする「体制としての社会主義」の内部では暴力によって鎮圧された。他方、先進資本主義諸国では規律化された市民社会が国家をとりまくように柔軟な支配システムを構成し、アナキズムが有する自治・共同・連合の理念と実践は、地域割拠性が強く国民統合が弱いスペインなどを例外として、ごく少数派へと追いやられることになったのである。

また、このようなケインズ主義的な経済成長モデルを前提とした、保守と革新の国民国家レベルでの妥協構造の確立は「アナキズム」の現実性を奪いとった。そして、こうした保守・革新の妥協構造は、マルクス主義とそれに対抗する理論である「近代化論」がともに有する「進歩主義」にも裏づけられていた。原子力発電をはじめとする近代科学技術の発展と生産力主義を全肯定した開発主義的な統治は、まさにこの保守・革新双方の「進歩主義」に裏づけられており、支配的なマルクス主義の中からは、これに対抗する理念が出てくることはついになかったのである。

二　冷戦の崩壊、グローバル化、ネオリベラリズム、新保守主義、ポストモダニズム

　こうした、先進資本主義諸国を中心に第二次世界大戦後から一九七〇年代にかけて成立した階級妥協体制は、次第に陰りをみせていく。七〇年頃からの高度成長の終焉は、より資本にとって有利な環境を構築するためのシステムの再編を促していく。新自由主義は、福祉国家的体制のもとで確立された労働者の法的・社会的保護を取り払い、より資本蓄積に有利な環境をつくりだすプロジェクトである。[3] 新自由主義に基づく諸改革は、経済的な次元にとどまらず、「階級妥協」を支えていた労働者階級や近代家族の安定化装置を掘り崩し、既成の保守・革新双方の政治的・社会的基盤を破壊していく。政治的次元では、それまで予定調和的に捉えられていた「自由主義」と「民主主義」の乖離がすすみ、[4] またこれも予定調和的に捉えられてきた「議会主義」と「民主主義」の乖離がすすんだ。つまり、リベラルな議会制民主主義による統治という二〇世紀の社会統合モデルそのものに疑問が付されることになったのである。

　そして、このようなリベラルな社会統合モデルへの実践的対抗では、まずは保守派が先制することになった。こうした政治力学の転移が顕著にあらわれたのが、一九九〇年代以降のアメリカ合衆国であることは第9章で論じた。[5]

「レーガン政権以後の新自由主義改革でもっとも経済的に不安定化したはずの白人中産階級が、より新自由主義改革を推進する新保守主義の強力な支持基盤になる」という「ねじれ現象」が生じたこ

との根拠には、左派・リベラルの政治的陣地が大都市部の上層中産階級に収縮し、民衆の視界から消えていくのを尻目に、宗教的理念に基づく地道な活動で民衆を説得し、「敵」を与え、ローカルな草の根のネットワークを拡大した極右運動の社会的実践力がある。そしてこのような草の根の運動の全国化と政治化が、新自由主義的なロビー集団やシンクタンクと有機的に結合することで、九四年以後の共和党の多数派形成を可能にした「政治マシーン」が構築された。まさに「トップダウン型の政策アドボカシー活動をアップデートされた会員の組織者と融合」することで、強力な「政治ブロック」がつくりあげられたのである(6)。

では、こうした統合主義的なナショナリズムの弛緩と新保守主義の台頭に対して、左派・リベラル派はどのように対応したのだろうか。まず、政治的基盤としての労働組合は、八〇年代の保守派の攻勢とグローバル化の進展による産業空洞化で衰退の一途をたどっていた。そして左派・リベラル派の支持基盤の都市上層中産階級への収縮は、かれらのイデオロギーの「知識世界」への自閉を促した。アナキストの文化人類学者で、オキュパイ運動を理念的に支えたデヴィッド・グレーバーは、左翼におけるポストモダン思想の普及を「神学化」とみなし、キリスト教右翼の「神学」と実は同等な機能を果たしたと断じている。

一九八〇年代以降、ジョージ・W・ブッシュの側近集団の中核を作り上げたキリスト教右派は、かれらが「サプライサイド経済学」と呼んだものを文字通り宗教的原理へと変えた。この思想的系譜の最も偉大な立役者は、おそらく保守派のブレーン、ジョージ・ギルダーだろう。彼は、連邦準備制度の政策がカネを創出し、それを企業家たちの創造的ビジョンの実現のために直接供給することは、神の意思が無から世界の原型をつくり上げたことを人間のやり方で再現しただけのことだと主張した。この信念は、サプライサイド経済学を「通貨創造という神の名に値する初の理論」と呼んだパット・ロバートソンのようなテレビ伝道師たちに幅広く受け入れられた。ギルダーはさらにこう論じる。現代の情報技術は、われわれが旧弊な唯物論的偏見を乗り越え、権力と同様にカネこそがまさに信仰の問題——われわれの原理と理念がもつ創造力を信じられるかどうか——だと理解できるようにした、と。他にもブッシュ政権の匿名の補佐官のようにこの原理を、軍事力を断固活用するという信念へと広げようとする者もいる。両者はともに、〔カネと力という〕この二つのことには密接な関係があると認識している。

リベラル派にとっての教会は、哲学者や「ラディカルな」社会理論家が神学者の地位を占める大学である。一見するとまったく異なる世界のようだが、同じ時期に講壇左翼のあいだで作り上げた政治的ビジョンは、その多くが奇妙なほど右翼のものと類似している。これを検討するには、フランスのポスト構造主義者ミシェル・フーコーが八〇年代以降に驚くほど知れ渡り、講壇左翼の庇護者として不動の権威となったこと、とりわけその議論を考察するだけで十分である。フーコーは、さまざまな制度知——医学・心理学・行政学・政治学・犯罪学、さらには生化学——もまた必ず権力形態であって、そうした知自体が記述していると主張する現実をつくり出しているのだという。これはまさに、リベラル派エリートの中核を担う専門職・管理職階級の視座から導かれたことを除けば、ギルダーの神学的サプライサイド信仰とほぼ同じである。バブル経済全盛期の一九九〇年代には、学術界では新しいラディカルな理論的アプローチ——パフォーマンス理論、アクターネットワーク理論、非物質的労働論等々——が矢継ぎ早に登場したが、これらの理論は、現実そのものとは、その存在を他者に確信させることで生まれうるあらゆるもののことだという論点で一致している。……この二つの理論は……われわれが「一%」と呼ぶものの内部に浸透している思考習慣の究極的な神学化の典型だ。それは「賄賂」や「帝国」といった用語が公的討議の場から消えた世界における知的言語である。と同時にかれらは、これが万物の究極的な基盤とみなしている。(7)

グレーバーいわく、この二つの「神学」は機能的には同質の役割を果たすことになる。だがその階層的な担い手は異なっていた。キリスト教右翼の「神学」が、屈折と歪曲を経ながら下層白人階級と有機的に結びついたのに対して、左翼の「神学」は、大学を中心とした知識階層のみと需給関係を結ぶことになった。九〇年代、大学のキャンパスでは多文化主義が普及し、ＰＣ（ポリティカル・コレクトネス）運動が盛んにおこなわれた。七〇年生まれの「Ｘ世代」であり、ジャーナリストとして『ショック・ドクトリン』を著したナオミ・クラインも学生時代、ＰＣ運動の闘士だった。

彼女は九〇年代の「表象批判」が、ポストフォーディズム的な資本主義に結果的に包摂されていったと指摘する。九〇年代、ナイキは黒人スポーツ選手を「ブランド」に積極的に登用し、スラムの若者文化を自社のイメージに取り込んだ。ディズニーランドは「ゲイの日」を設け、ボディショップやベネトンは男女同権や環境保護を訴えた。こうした企業は九〇年代初頭の反差別運動の「表象」を、ブランドに取り込むことに成功したのである。その一方でこれらの企業は、製造部門をコストの安い第三世界の「搾取工場」に押しつけることで膨大な利益をあげた。また、予算不足に苦しむ学校に手を伸ばし、公共空間に広告を張りめぐらし、教育内容まで支配しようとした。第三世界の搾取強化と公共空間の解体、これが大企業のブランド戦略が行き着いた先だった。こうした事態に、反差別運動は対抗的たりえたのだろうか。ナオミ・クラインは自戒を込めてこう語る。

新しいグローバル化の時代が到来してみると、ＩＤ政治〔アイデンティティ・ポリティクスの意──引用者〕とは、家が燃え落ちるというのに家具の模様替えをするような行為だったことがわかる。たしかに、さまざまな人種が登場するドラマは増え、より多くの黒人の管理職が生まれた。しかし……北米の多くの都市で貧困層が増えることや、ホームレスの増加や、彼らが生命の危機にさらされるといった事態は、防ぐことはできなかった。……私たちは、壁に映された絵の分析に忙しく、その壁がすでに売り飛ばされていることに気づけなかった。(8)

このように、九〇年代の左翼は、第一に、伝統的な支持基盤が収縮することで民衆性を喪失したこと、第二に、曲がりなりにも近代主義的なマルクス主義が有した実践性と大衆性をまるごと放棄してしまったことで、近代的な社会統合が揺らぐなかで生じた空白を、右翼ポピュリズムの側に明け渡していくことになった。まさに、スラヴォイ・ジジェクが述べるような「上流階級による搾取に反対する人民の動員と闘争という旧き左翼的な急進的スタンスをまさに形態において引き継いでいるのは、保守的でポピュリスト的な草の根運動なのだ」という倒錯した事態が、世紀末から世紀初頭にかけての政治を規定していくことになったのである。(9)

三　アナキズム――「怒り」「民主主義」の次元での復活

このように、九〇年代から二〇〇〇年代にかけて、ナショナルな政治の舞台で右翼ポピュリズムが急進主義を代表していたのに対して、左翼運動はグローバルな運動の領域で、新たな社会的実践の技法を育んでいった。九九年シアトルの反WTO闘争、「世界社会フォーラム」、反G8闘争といった国境を越えた連帯運動の中で、「新しいアナキズム」は左翼の伝統的な権威主義を克服し、思想的・イデオロギー的違いを超えて共有される実践の形式として、次第に形づくられていくことになる。

九九年シアトルの反WTO闘争に身を投じ、その後この運動の同伴者になっていくデヴィッド・グレーバーは「新しいアナキズム」をこう定式化している。①方法が目的と協調していなければならない。②権威主義的な方法によって自由を獲得することはできない。③できうる限り、自分の友人や同志との中で、自らが目指す社会を具現化せねばならない。これは要するに、目的意識的かつ合意形成重視の集団形成の技法である。これは明確な敵を設定しつつ、かつ敵に依存し対称関係におちいることなく、「われわれ」の中の民主主義的な関係をつくりあげていくための方法論的な思考である。運動のグローバルな連結は、西欧マルクス主義が想定していたプロレタリアートという変革主体が実は地域的なものであること、また時代遅れであることを明らかにした。A・ネグリの「マルチチュード」という概念が説得力をもったのは、その分析が鋭利だからではなく、対抗主体の雑種混交性を指示したからである。したがって、国境を越えて多種多様なグループや階層を巻き込んでいく反グローバリズム運動が威力をもつためには、特定の党派や組織の権威や力量に依存することはできない。ネットワークを維持・発展させるためには、つねに生じてくる権威主義や固定的な組織化を克服するための、不断の民主主義的な合意形成が不可欠である。「新しいアナキズム」は、このように新たな運動に対応する集団形成をおこなう上での必要性から生まれたといえる。そして、このように反グローバリズム運動の中で発展してきた「新しいアナキズム」の技法が、二〇〇〇年代後半の世界的な恐慌の波を受けて高まった「民衆の怒り」と結びつくことで、二〇一一年以後世界的に展開していく諸運動の軌道をつくりあげていくことになった。

「アラブの春」にはじまりギリシャ、スペイン、アメリカ、そして日本、台湾、香港などへと広がっていった「二〇一一年以後の社会運動」は、WTOや世界銀行といったグローバルな権力に対抗した反グローバリズム運動とは異なり、経済危機と格差社会化が共通の背景にありつつも、課題・要求ともに地理的に不均等であり、ナショナルな様相を強くもった。他方でこれらは、エジプト革命のタハリール広場、オキュパイ運動のズコッティ公園、そして日本の反原発運動における二〇一一年の新宿アルタ前占拠、二〇一二年の金曜官邸前抗議、二〇一四年の台湾立法院占拠や香港セントラル広場占拠、二〇一五年の日本の国会前占拠に象徴されるように、空間・場を占拠し運動を可視化するという点において共通していた。そして、これらの場に結集した数万から数十万の民衆の人種的・宗教的・思想的背景は多種多様であり、「ムバラク」「ウォール街」「原発」といった「共通の敵」に怒りを抱いていること以外には、なんらの一致点もなかったのである。ここで「新しいアナキズム」は、それまで一国内で右翼ポピュリズムが代弁してきた「民衆の怒り」に内在し、それを肯定しつつ、その力を民主主義的な合意形成の中に埋め込もうと試みた。グレーバーはこう述べる。

大多数のアメリカ人はシニカルではないと気づけば、右翼ポピュリズムの主張はより理解しやすくなる。それは、人種差別主義、性差別主義、同性愛嫌悪の下劣な囲いのなかから頻繁に姿を現す。だがその背後には、善をなす手段を奪われたことへの偽りのない憤りがある。(10)

このように「新しいアナキズム」は、右翼ポピュリズムが領有してしまった「上流階級による搾取に反対する人民の動員と闘争」という急進主義的スタンスを奪還するために、ふたたびナショナルな舞台での左翼の政治的陣地を構築するために、つまり左翼が民衆性を取り戻すために必要な、実践的方法論として今日の社会運動のエートスとなった（ただし、現在の社会運動の中でこのような方法論に自覚的か否か、あるいはアナキズムを自称しているか否かは問題ではない。「新しいアナキズム」は自称されるものでなく見いだされるものであって、権威主義に対抗し、多様性を重視し、集団内部の民主主義の発展に心を砕く者はみなアナキストである）。

もはや言うまでもないが、今日の社会運動の中で復活を遂げたのはアナキズムの「リバタリアン的、個人主義的」側面ではない。復活したのは、新自由主義とグローバリズムが席巻し、社会的規律が弛緩したなかで登場した新たな雑種混交な主体が集団形成をしていく上での「方法」としてのアナキズムであり、政治革命以前に自分たちの世界で革命的な関係を構築したいという欲求と、民主主義的な社会関係の再構築への本性的な要求がその根底にある。

四　日本の「3・11以後の社会運動」と「新しいアナキズム」

そして、こうした新しいアナキズムの「要素」は、日本の「3・11以後の社会運動」の中にも確実に存在している。二〇一一年以降の反原発運動についてはすでに論じたので、ここではその特徴だけを列挙していく。

第一に政治的背景である。この四〇年にわたり戦後体制をつくりあげてきた保守・革新双方の「権威」が大幅に衰退した。戦後革新勢力はもはや大規模な大衆運動を展開するだけの「権威」を有しておらず、いかなる政治勢力・社会勢力も主導権をとれないという空白地帯から現在の運動は台頭することになった。

第二は運動の担い手である。新自由主義改革は、日本の安定的統治を可能にした「企業社会」的統合を突き崩し、中産階級から疎外された新たな階層を大量に生み出した。新たな階層とは非正規雇用層、自由労働者であり、文化資本と社会的地位のギャップが著しく、フォーディズム的労働規律から

「自由」なかれらが、新たな「知的な政治主体」として運動を牽引していくことになった。

第三は敵対性である。原子力災害における「原子力ムラ」という明白な「敵」の存在は、敵対的な社会運動の求心力を高めた。それまでのポストモダン的なシニカルな批評性は排斥された。方法と目的を一致させ、放射能や原発に対する「不安」「怒り」「恐怖」をそのまま肯定するという運動スタイルのもとでは、高踏な理論は退けられ、結果重視の実践主義《プラグマティズム》が支配的になった。

第四は集団形成と自発性である。この間の反原発運動の中から、主導権を握る個人・組織が出てくることはなく、カリスマを生むこともなかった。SNS上、あるいは会議でなされる論争や議論そのものがネットワークを構築・発展していく運動過程として機能し、運動の呼びかけはかつてのように垂直的な動員ではなく水平的になされ、政治的・社会的局面とクロスした場合には、数千から数万の人びとが結集するという運動基盤を築いた。

そしてこのような実践の蓄積は、運動の「器」のようなものをつくりだした。そしてこの「器」は反原発という課題に限定されることなく、その中からさまざまな課題に向けた運動が生まれることになった。二〇一三年から台頭し全国に広がったポピュラーな反レイシズム運動は、まさにこの「器」の中から生まれた(11)。在特会という明確な敵を設定し、SNSのネットワークで呼びかけ、人びとの怒りをそのまま肯定し街頭闘争をくり広げるというそのスタイルは、まさにこの間の反原発運動がつくりあげた運動様式をさらに発展させたものである。

おわりに

このように「新しいアナキズム」は——「アナキスト」であることに意識的か否かを問わず——日本の対抗的社会運動が民衆性を回復していくプロセスにおいて、不可欠の要素として根を張ることになった。それは世界的な運動の潮流と軌を一にしており、十数年にわたる左翼への深刻な挑戦を巻き返すための手がかりでもある。ただこれは、あくまで端緒にすぎない。政治的・社会的空白は広大であり、その空白から右翼ポピュリズムが頭をもたげる可能性は、つねに大きく開かれているからである。それを押しとどめ、この「新しいアナキズム」の萌芽が新たな社会構造に対応する運動の組織化の技法へと発展していくか否かは、グローバリズムや新自由主義がもたらす政治・社会の破壊に対する大衆的な怒りと抵抗に、この対抗的な思想と実践がどこまで根ざすことができるか、その長く粘り強い営為にかかっているだろう。

注

（1）デヴィッド・グレーバー『アナーキスト人類学のための断章』高祖岩三郎訳、以文社、二〇〇六年、四一頁。

（2）エルネスト・ラクラウ、シャンタル・ムフ『民主主義の革命——ヘゲモニーとポスト・マルクス主義』

西永亮・千葉眞訳、ちくま学芸文庫、二〇一二年、三六頁。
（3）新自由主義については以下を参照。デヴィッド・ハーヴェイ『新自由主義——その歴史的展開と現在』渡辺治監訳、作品社、二〇〇七年。
（4）シャンタル・ムフ「『民主主義の終り』と右翼ポピュリズムの挑戦」木下ちがや訳、『現代思想』二〇一二年五月号、九一—九二頁。
（5）九〇年代のアメリカ合衆国における極右の台頭と治安法制の政治的対抗については拙著『国家と治安——アメリカ治安法制と自由の歴史』（青土社、二〇一五年）を参照。
（6）シーダ・スコッチポル『失われた民主主義——メンバーシップからマネージメントへ』河田潤一訳、慶應義塾大学出版会、二〇〇七年、二三三頁。
（7）デヴィッド・グレーバー『デモクラシー・プロジェクト——オキュパイ運動・直接民主主義・集合的想像力』木下ちがやほか訳、航思社、二〇一五年、一四八—一五〇頁。
（8）ナオミ・クライン『ブランドなんか、いらない——搾取で巨大化する大企業の非情』松島聖子訳、はまの出版、二〇〇一年、一三三頁。
（9）スラヴォイ・ジジェク『2011　危うく夢見た一年』長原豊訳、航思社、二〇一三年、九二頁。
（10）前掲グレーバー『デモクラシー・プロジェクト』一五三頁。
（11）二〇一一年以降の反原発運動の展開については以下を参照。拙稿「反原発運動はどのように展開したか」（小熊英二・木下ちがや共編著『原発を止める人々——3・11から官邸前まで』文藝春秋、二〇一三年）三〇五—三一一頁。

KKK
Card
TOKYO AGAINST RACISM
TOKYO AGAINST RACISM
TOKYO AGAINST RACISM
TOKYO AGAINST RACISM
TOKYO AGAINST RACISM

11章　共同意識と「神話」の再生

――複合震災の残響――

一　共同意識の形成

わたしたちの日常的な経験、つまり安定した時空間において反復される実践の蓄積が、個体を超えた共同の経験となる範囲は、概して、家族、農村共同体、または企業といった私的結合関係を超えることはない。そこでは折々の儀礼を介して時間軸が設定され、習慣と経験は関係を安定化させる文化装置となる。

これに対して歴史上、戦争や恐慌、革命、災害といった大規模な社会変動は、日常の反復を切断し、私的結合集団のタコツボを超えた全社会的な連帯感をもたらすことがある。すなわち、強烈な外的ショックが既成の秩序を揺り動かす、または破壊することで、階級や出自の違いを超えた普遍的な共同意識が形成され、共同の時間軸が設定されることが時にはあるのだ。

丸山真男は、近代日本において、このような普遍的な共同意識が知識人の位相で形成された契機は三度あると言う。第一期は、近代知識人の生誕の時期である明治維新から明治二〇年頃にかけての、明六社の結成に代表される知的共同体の登場であり、第二期は一九二〇年代に、思想弾圧という外的力により形成された思想集団である。そして第三の時期は敗戦直後であり、丸山はこれを「悔恨共同体」と名づけた。大戦争により既成の社会秩序が一挙に崩壊し、「与えられた自由」による解放感と、ふたたび「暗い時代」をくり返してはならないという自責の念のブレンドが、この共同体のゆるやかな母体となったという(1)。

知識社会学的な課題で設定されたこの区分を、より広い社会関係の文脈で捉え返してみると、第一、第二の時期と第三の時期には別物と言っていいほどの違いがある。「大衆」が不在の、あるいは知識人と大衆が切断を余儀なくされていた第一、第二期とは異なり、第三期は戦時総力戦体制のもとでの国民的な体験の共有を経て、知識人と大衆の区別なき時間軸が設定された。ゆえにこの「悔恨共同体」は、戦後の国民意識の形成と軌を一にして形づくられたといえる。

この「悔恨」は、知識人の鋭利な「自己批判」から、小説家・山口瞳が『江分利満氏の優雅な生活』(一九六三年)で描いたような凡庸なサラリーマンの厭戦感情までを包み込む、ゆるやかな共同意識であった。こうした全社会的な共同意識が、六〇年安保闘争を画期とする「国民運動」における、知識人と大衆の有機的結合を可能にしたのである。そしてこの共同意識の記憶は、それを支える経験と実感が次第に風化し、知識人の位相での共同性が分解していっても、大衆社会化で普及した教育制度やさまざまな文化装置を通じて再生産がなされた。それは、「国民運動」が実質を失っていくなかでも、高度成長下で培われた豊かさの実感と結びつきながら、「常識」として保守的な支配秩序の中にまで浸透し埋め込まれていったのである。

世紀の替わり目を前後して、第三期に形成された共同意識を基盤とした象徴天皇制支配がほぼ完成に至る頃から、この共同意識を権威主義的に改鋳しようという動きが政治・社会の中から頭をもたげてきた。冷戦崩壊とグローバル化、そして東アジアの地政学的変動、さらには企業支配の解体と連動するこの動きは、いまも進行過程にある。この第三期の記憶を再生産してきた教育や文化装置への集中的な攻撃は、確かに共同意識を外的な力で抑え込み、削減する成果を上げつつはある。しかし、それはあくまで「押しつけ」にすぎず、集団的な経験の内側から涵養される別の共同意識を形成することに成功しているとはとても言えないのである。

共同意識を形成する大衆的な経験の共有というところからすると、「第四期」と銘打てる画期は、二〇〇〇年代後半から始まろうとしていたと言えるだろう。しかも、それは世界的な秩序再編の動きと不可分でもあった。

二〇〇八年に発生したリーマンショックは、一九二九年の世界大恐慌に匹敵するインパクトを世界経済にもたらした。およそ八年が経過した現在でもその影響はとどまることはなく、それが直接的・間接的にもたらした社会的な危機は、タイムラグと地政学的差異をもちつつも、世界各地で大規模な社会運動へと転換され、急進的ポピュリズム運動とポピュリズム政治の台頭に帰結しはじめたのである。二〇一一年の中東アラブ革命の波は、原理主義的な政治反動によりいまは封じ込められている。だがギリシャの反緊縮運動は二〇一四年に急進左派政党「シリザ」の政権奪取につながり、スペインの「怒れる者たちの運動」は二〇一五年の急進左派政党「ポデモス」躍進の基盤となった。アメリカのオキュパイ運動は、二〇一六年アメリカ大統領予備選における、およそ一〇〇年ぶりの「社会主義者」の健闘に引き継がれ、トランプ大統領の「勝利」への嫌悪感は女性と若者世代を中心としたアメリカ史上最大の対抗デモをもたらした。そして台湾では、二〇一四年の自由貿易協定に対抗する「ひまわり運動」が、二〇一六年の政権交代と第三勢力の進出に帰結したのである。

前章でも論じたように、これらの運動は、経済的な危機にもっとも被害を被った学生あるいは若者世代がおもな担い手である。かれらは高等教育を修め、高度な知性とスキルと革新的なコミュニケーション能力をもちながらも職を得られない、あるいは不安定雇用にしか就労できない層である。この「雇用と教育のギャップ」に苛まれた若者たちが運動空間に知性とスキルを注ぎ込んだことが、これらの運動の起動力になった。ただこれらの運動は、同じく若者世代が担いつつも、「ほとんどの者は大学の学位が豊かな中産階級のキャリアになることに希望を抱くことができた」「一九六八年」の社会運動とは著しく異なる。(2) これはオキュパイ運動の「われわれは九九％である」というスローガンにみられるような多数派のポピュラーな経済的・政治的民主主義を求める、国民主権をめぐる運動であり、既成の社会関係やイデオロギーの壁を壊し新たな民衆的結集をめざす運動であり、したがって「一九六八年」のような世代間の対立《ギャップ》を構築する運動ではなく、世代を超えた「人民」の同一性《アイデンティティ》の再構築をめざす運動である。

このような、二〇〇八年の世界的な恐慌がもたらした変革の軌道から日本が無縁だったわけではない。事実、こうした社会経済的な危機をもっとも迅速に、「あっさりと」政治に転化したのは日本だったからである。二〇〇八年の経済恐慌は、製造業をはじめとする国内労働市場を収縮させ、「派遣切り」に象徴される周辺労働者の切り捨てが深刻化した。久しく消えていた「貧困」「格差」という言葉が流行し、「反貧困」が社会運動のスローガンになり、その年の暮れには「年越し派遣村」が脚光を浴びた。そしてわずか一年後に、この貧困問題を梃子のひとつにした、五五年体制以後事実上初と言っていい本格的な政権交代が達成されたのである（本書第2章）。

しかしながら、経済危機から八年を経た現在からみれば、この日本の政権交代劇は、これまで取り上げた諸国の危機－運動－政治の転化プロセスのような「溜《た》め」がない未熟なものであり、社会的な支えが欠落していたことがわかる。政治と社会の適正な関係の欠如は早速に迷走をもたらし、有権者の離反は二〇一二年末から現在にまで続く政治反動に帰結した。安倍政権の「水に落ちた犬は打て」と言わんばかりの執拗な民主党（民進党）攻撃の深層心理には、この政権交代をもたらした潜勢力へのパラノイア的な恐怖が確かにある。だが、そうした攻撃によらずとも、もはやこの政権交代劇を日本社会の時代を画する「はじまりの時」と記憶する者はいない。社会を広く深くつかむ共同意識の再構築をともなわない権力の再編は、新たな時間軸の設定に失敗した。だから「第四の時期」に値する新たな共同意識形成の起点は、二〇〇八年の経済危機の軌道とは異なる事態からもたらされることになったのである。

二〇一一年三月一一日に発生した東日本大震災と原発事故は、先進国では史上最大といえる大規模複合災害だった。この複合災害の経験の強弱は、家族・雇用・近隣関係の完全喪失から、普段交流のない隣人と会話し不安を共有したこと程度まで、さまざまである。だが経験の濃淡はあるにせよ、階層や出自、地域が異なり人生経験や思想もまた異なる人びとが、一時的とはいえ等しくこの危機に向き合わざるをえないという状況がそこで生み出された。とはいえ、「それは所詮一時のことにすぎず、大多数の人びとは日常の反復に回帰し、危機の経験はごく一部の人びとを取り残して次第に風化していくるではないか」と言い返されるかもしれない。事実、震災から時を経て、記念の日を迎えたときには、まるで嘆くことが目的であるかのように「風化」が唱えられている。

だが複合災害を経て、人びとを非日常的事件から日常へと回帰させる重力は確実に低下している。この六年の歳月のうち幾度か、数十万の人びとが一時的とはいえ日常を離脱し、日本社会から長らく消滅していた非日常的政治空間に結集し、それをはるかに上まわる数の人びとがそれに関心を寄せた。しかも、そうした大規模な結集が、複合災害に直接かかわる原発問題だけではないということは二〇一五年に立証された。同年の安保法制反対運動に参加あるいは関心を寄せた人びとが依拠した共同意識は、戦後民主主義と言い換えうる「第三の時期」のそれのみではなかった。こうした運動に参加した人びとのクロニクルの起点は、運動課題が震災・原発ではないにもかかわらず「3・11」であり、そこが自己の社会認識の形成の道筋の「はじまり」と自覚されていると思われる。このように設定された共同の時間軸は、災害時に得られた経験のみに支えられるわけではないから、時間の経過とともに直線的に風化していくことはない。「3・11」は、時々の政治的・社会的状況と社会的実践が結びつくとき、「立ち返るべき経験」として再現前《リプリゼント》し、日常性から離脱し非日常的空間に集う「われわれ」の同一化を支えるのである。

このように、二〇一一年三月一一日の複合災害を、新たな共同意識を再構成していく始点と捉えると、わずか六年という時間でその帰結を評価するのは拙速と言わざるをえない。丸山が「悔恨共同体」の起点とした敗戦直後から、その共同意識が政治的開花をみる六〇年安保闘争まで一五年の歳月が費やされている。また、この六年間のうちのもっとも重要な政治的変化である沖縄の新たな政治ブロックの形成には、普天間基地移転問題の発端から少なくとも二〇年の時間が費やされている。育まれた共同意識が政治的共同意識として再現前するには、これほどの時間の経過が少なくとも必要とされるのである。

またわれわれは、この六年間において、とりわけ政治と社会運動の関係において、期待通りの反応や予測通りの展開にはならない事態を幾度も目撃してきた。藤田省三の幕末維新期の叙述にならえば、いまは「状況的社会状態」のさなかであり、「制度的なもの」「型を備えたもの」「恒数的なもの」が社会の核心から外れ、「変数関係」が支配している。(3) こうした状態がふたたび制度化され、安定を取り戻す目途はまったく立っていない以上、このわずかな時間の経過から、未来に経験されて培われていくだろう新たな共同意識の全体像を推しはかることはとても叶わないのである。

だが、「状況的社会状態」にあるということは、これまでの日常を支配してきた「制度的なもの」「型を備えたもの」「恒数的なもの」を「過去からの支配」とみなし、その全体像を捉える機会が到来したともいえるのである。いまこの時点でできることは、過去に追いやられつつある支配構造の規範を捉え返す地点から、いま生じている変化の特質の一端を推しはかることのみである。いま過去に追いやられつつある支配構造規範は、高度経済成長が終結し、ゼネラルストライキをはじめとした大規模な対抗運動／空間が消滅しつくした七〇年代から八〇年代にかけて形成－確立したと思われる。

二　日本型企業社会の桎梏《しっこく》

一九八〇年代、日本の社会科学、とりわけマルクス主義の政治社会分析の視角は「客観法則／危機の必然性」から「偶然性／政治／ヘゲモニー」へとシフトした。否、正確に言えばシフトするはずであった。高度成長期から七〇年代にかけての社会分析の有力な視角は、高度経済成長による労働者の増大、都市化の進行が必然的に社会主義、あるいは社会民主主義的革新をもたらすというものであった。七〇年代における革新自治体の叢生と国政レベルでの保革伯仲は、日本社会の革新的変革の前夜とみなされていたのである。

ところが八〇年代に入ると、労働者のストライキは社会風景から消え去り、革新自治体は次々倒壊し自民党一党支配は存続した。労働者の増大が社会の保守化に帰結するという、マルクス主義の必然性に反する事態に逢着したのである。こうした「保守化」を非マルクス主義的な立場から肯定的に捉え、この保守化の安定的基盤としての「新中間大衆」の登場を提唱したのが村上泰亮である。村上は「戦後の先進産業社会に生じつつあるのは、各次元での階層化の非斉合化、非構造化というところにある。……かつて全次元にわたって下流と明確に区別されていた『中流階級』が輪郭を失っている。生活様式が、ホワイトカラーとブルーカラーや農民との間で区別できなくなっている」と論じ、さらには欧米とは異なり高度成長期の労働力調達において移民や少数民族が少ないことで〈同質社会〉が形成されたと論じている。[4] そして、こうした保守化に批判的な立場からの日本資本主義分析においても、この〈同質社会化〉は前提とされていく。東京大学社会科学研究所編『現代日本社会』（一九九一年）は、序論において現代資本主義の特徴を「三つの過剰」と定義している。フォーディズム的大量生産－大量消費への労働者の包摂という「過剰富裕化」、家族のような非商品経済関係の劇的な商品化という「過剰商品化」、そして効率化と競争の激化という「過剰効率化」である。[5]

　この「三つの過剰」論からは、一方で過労死にみられるような現代的な社会矛盾を生み出しつつも、他方で「伝統的」な労働者文化や地域文化を破壊し、同質的な社会空間を構成するという結論が導き出される。村上のいう「平等化志向による非構造化」、また『現代日本社会』のいう「資本主義の普遍化傾向の過剰貫徹」は、角度は異なるものの、八〇年代日本における〈同質社会〉の確立を告げた。「伝統的」とみなされがちな日本社会の「同質・平等」神話はこの時代に構成された支配的規範であり、他先進国から抜きんでた経済成長と資本蓄積に裏づけられることで過剰に完成され、九〇年代に入り実態と乖離していくにもかかわらず、今日にまで及ぶ社会統合力をもつことになったのである。

　しかしながら、これらの「同質性」論も、実は必然性論の領域を出てはいない。これら同質社会論のフレームが完璧なものとして提示されればされるほど、政治／偶然性／ヘゲモニーの領域は抹消されてしまうからだ。〈同質社会〉の観念の規範化は自然になされるわけではなく、社会矛盾の不可視化と、敵対性を抹消する政治的実践の貫徹による、権威的な支配《ヘゲモニー》／序列関係の構築を通じた安定化が不可欠である。こうした八〇年代日本の支配／序列関係を解き明かすモデルとして当時提示されたのが、渡辺治の「基軸と周辺」論である。

　渡辺は、八〇年代における保守化という現象を踏まえつつも、「『保守化』論の多くは、もっぱら、社会意識論や社会階層論のレベルにとどまっていて、例えば、現状維持志向を持つ〝新中間大衆〟厖大な層の登場という議論にみられるように、社会構造上の変化をストレートに自民党の回復に結びつけるという点で、これまた、支配の問題を欠落させて」いるとし、この保守化傾向の背景には政治社会における「基軸－周辺」関係の確立があるという。(6) 渡辺のいう「基軸」とは「日本社会のなかで、基本的な階級矛盾が存在し国家支配の歪曲を受けない場合には最も鋭く階級対抗が先鋭化する場、つまり資本－労働の場」であり、「周辺」はそれ以外の領域である。(7)

　この「基軸」の、さらに中核を構成するのは大企業男子正社員層である。戦後労働運動の主軸であったこの層は、村上がいうようにブルーカラー・ホワイトカラーの平等化が図られ、『現代日本社会』が指摘するような「三つの過剰」が貫徹するなかで階級としての凝集力を失い、労働者は個々バラバラに企業に統合された。原子化により労働者の層としての抵抗力が喪失した上に、自発的な企業内競争が激化し、高賃金を代償に長時間過密労働が深刻化し「過労死」が頻発することになった。こうした「基軸」における資本の支配強化は、階級的矛盾を『労働者個人の心身や、資本の支配の相対的に弱い『周辺』部で顕在化する」ことになった。そして、「矛盾がこのように『周辺』で顕在化するため、その形は一見非階級的な、別の言葉でいうと、国民的な相貌を帯びるため、その困難が深刻であっても怒りがそれをもたらした支配へと向けられにく」いものとなった。(8) つまり、〈同質性〉は「基軸」である資本－賃労働関係内における敵対性が抹消されたことで形成され、この同質的な「基軸」は社会的な標準――文化、ライフスタイル等々――となり、より周辺部へと抑圧を移譲・分散させていくことで全社会的なイデオロギー的規範になった。このような支配／序列関係の確立こそが、八〇年代日本の政治－社会の絶対的安定を可能にしたと渡辺は論じる。

この「基軸－周辺」論は、八〇年代日本の支配構造の解明を試みたのみならず、これまでのマルクス主義の「変革主体としての労働者階級」の教義を、根底から放棄した点が画期的であった。もはやマルクスが予測したようには、大工場における協業が階級的団結や組織性を自動的にもたらすことはなく、「むしろいまの労働者というのは、先進的になればなるほど、バラバラになっていく」[9]。つまり、労働者の協業－団結という必然モデルはここで放棄され、「基軸」であるか「周辺」であるかを問わない偶然的な結合、換言すれば階級的同一化ではなく政治的敵対の線引きによって節合される多様な主体の集合的同一化に基づく団結と組織化の必要性が暗に論じられている。永久機関のごとき日本社会モデルが完成の域に達したそのとき、必然性から解き放たれた偶然性／ヘゲモニーに基づく政治の自立的展開の意義が提示された。そして、支配／序列関係の要である「基軸」が動揺・収縮することで、かかる全社会的同質支配は崩れることが予告されていたのである。

企業は今や本工部分を縮小し、それを転換の容易な〝柔軟〟なパートなどの不安定雇用に置き換えつつある。いわゆる「労働の流動化」である。しかし、こうした企業の政策は、本工を中心にした従来の企業の労働者支配自体をも掘りくずすことを意味している。いわば企業は、自らの延命のために、〝たこの足を食う〟ハメに陥っているのである。……こうした企業の政策が即自的に労働組合運動の激化を招いているわけではないが、それでも、将来の影響は支配にとっても軽視できないように思われる(10)。

九〇年代、日本経済はゼロ成長段階に入り、労働市場の流動化は加速し、とりわけ二〇〇〇年代以降、非正規雇用は劇的に増大した。八〇年代の社会的安定を失った九〇年代以後の政治は、自由民主党の一党支配が終わり、保守政治は日本社会党、公明党というかつての対抗野党を次々捕食しながら政権を維持している。即自的な政治社会の不安定化は、既成の政治システムの危機を招来するはずであった。ところが九〇年代以後、対抗野党はますます衰退あるいは消滅し、ストライキや社会運動は八〇年代よりもさらに減少した。渡辺は、この九〇年代以後の日本社会について「基軸－周辺」論に基づく分析を展開することはなかった。むしろ、こうした渡辺の議論を参照しつつ、「中核－周辺」モデルを提唱し、この時代を分析したのは小熊英二である。

渡辺、小熊はともに一九七五年を起点に特殊日本的な社会構造が形成－確立されたと論じ、ともに九〇年代には確立されたシステムの前提が失われていったとしている（渡辺は「日本型企業社会」、小熊は「日本型工業化社会」。ただし渡辺が資本－賃労働関係の支配を重視するのに対して、小熊は人口構成、政策的対応、国際環境といった諸条件の複合から説き起こすという大きな違いがあるが、ここで詳らかな検討はしない）。

小熊の「中核－周辺」論は以下の通りである。

公務員および大企業の正規雇用労働者とその家族、そして農民と自営業者といった、旧来の日本型工業化社会の構成部分は、保守主義レジームに近い世界に住んでいる。一方で非正規雇用労働者など、ポスト工業化社会への変化に対応させられている部分は、自由主義レジームに近い世界に住んでいる。その結果として、産業が硬直化して福祉制度が機能不全になるという保守主義レジームの特徴と、失業率が低いが格差が増大するという自由主義レジームの特徴が共存することになる。(11)

「保守主義レジーム」とは家族・企業・労組・地域などの共同体重視のシステムであり、これが「中核」を構成している。「自由主義レジーム」とは自由市場と自己責任を重視するシステムであり、これが「周辺」を構成している。そして「現代日本の特徴は、この二重構造のうち、中核部分は工業化社会時代に築かれた地位を維持しつつ、周辺部分をいわば調整弁とすることで、ポスト工業化に適応しようと」していることだという。(12)

渡辺の「基軸－周辺」論と小熊の「中核－周辺」論とは、支配／序列関係で社会構造を捉えようとしている点は似通っているが、内容構成が異なる。小熊の「中核」には男子正社員層のみならず、二〇〇〇年代から「抵抗勢力」とみなされる、おもに地方の自民党保守政治の政治的基盤が含まれている。この収縮していく「中核」層を、補助金や保護政策で維持することにいそしみ、膨らんでいく「周辺」層を放置してきたがために、日本社会は機能不全におちいっているというのだ。

そして小熊は、九〇年代以後「社会構造が変化したにもかかわらず、なぜその認識が遅れたのか」

という問いを立て、こう総括している。九〇年代以後の平成時代は「一九七五年前後に確立した日本型工業化社会が機能不全になるなかで、状況認識と価値観の転換を拒み、問題の『先送り』のために補助金と努力を費やしてきた時代」であると。[13]だが、この問答はやや同語反復的である。むしろここで問われなければならないのは、政治社会の即自的な機能不全を対自化させる力学がなぜ生じなかったか、でなければならないからだ。

実際、このような機能不全を政治的に自覚化する契機は、少なくとも冒頭でふれた二〇〇九年の政権交代時にはあった。ただ第2章で論じたように、民主党の多数派戦略は、小泉構造改革に象徴される新自由主義に「違和感」を抱く「中核」層を抱き込むことで達成されていた。都市住民と「連合」に組織される正社員層、そして医師会や農協といった従来の自民党支持層を抱き込むことで達成された政権交代は、「中核」と「周辺」をそのまま抱き込み、新たな政治様式をつくりあげることで両者を有機的に結合することに失敗し、瞬く間に機能不全におちいった。党内抗争と迷走の果てに「中核」層は自民党へと回帰し、「周辺」層が離反したことで、二〇一二年、民主党は歴史的大敗北を喫した。そして政権に返り咲いた自民党は、この取り戻した「中核」層をターゲットにした経済政策を駆使し、丸抱えすることで、いまも多数派を維持している。二〇〇九年の政権交代は、八〇年代に社会からデモやストライキといった直接的な集合的意思表明が消え、民主主義が投票のみに萎縮した土台の上に達成され、そして民主主義の萎縮ゆえに崩壊したのである。

日本型企業社会／日本型工業化社会のもとで確立した規範構造がいまなお凝集力を維持しているのは、政策的認識の欠如ではなく、民主主義の欠如に起因している。二〇一一年以後の世界の諸運動が、さまざまな課題を掲げながらも一様に民主主義を旗印にし、普遍的な民衆的結集を試みているのは、新たな社会関係、新たな政治様式、新たなアイデンティティを構築し、労働者、農民、失業者、女性、エスニックグループといった特定の要求主体を「想像された人民の集合体」に同一化し、民主主義の実質を回復することが、掲げられた課題を達成する上で不可欠と捉えているからである。(14) 複合震災が二〇一一年三月一一日に発生したのは偶然事である。それは三〇年前でも三〇年後でもありえたからだ。だが、この時点で発生したことで、この自然／人為災害は、もはや枯れ果てつつある既成の社会秩序を相対化し過去へと追いやる時間軸をもたらし、民主主義の実質を満たす共同意識の萌芽を社会に胚胎させたのである。

三　「未来社会の一断片」

「必然性／客観的法則」という決定論に反する、「偶然性／状況性」という非決定性から政治社会を捉えるアプローチは、なにも新しいものではない。それは二〇世紀の大量生産‐大量消費によるフォード主義的な蓄積体制の普及と「階級妥協」的な労働者階級の中産階級への統合がすすむ以前には、むしろ有力なアプローチだったのである。一九一七年のロシア革命で公式化されていく正統派マルクス主義以前の有力な「革命的サンディカリズム」の理論家ジョルジュ・ソレルは、著書『暴力論』（一九〇八年）の中でマルクスの歴史発展の必然的法則論をこう批判している。

……未来の闘争と資本主義を廃絶する手段に関する仮説を、歴史という物語をモデルにしてでっちあげようと望むのは、昔のユートピアに戻るようなものである。科学的なやり方で未来を予見したり、あるいはある種の仮説が他の仮説より優位であり得るという前提に立って議論を進めたりするための、どんな手続きも存在しないのだ。もっとも偉大な人物が、このように、未来（もっとも間近な未来さえも）の支配者になりたがって、驚くべき過ちを犯した例は、数えきれないほどだ。(15)

協業により労働が社会化し、同質化がすすみ、それが必然的に社会主義に到達するどころか、第一次世界大戦前夜の欧州では労働者階級の国民化が進行していた。ソレルにとって、労働者階級のアイデンティティの確立は「客観法則」ではなく、「意志と行動」にかかっていたのだ。

われわれはもはや未来に関する学者めいた論議に限定されることはないし、哲学や歴史や経済に関する高遠な考察に没頭する必要もない。われわれがいるのはイデオロギーの領域ではないから、誰もが観察可能な事実の領域にとどまることができるのである。

……経験がわれわれに立証するのは、時間的に規定できない未来を構想することには大きな効用があり、そのような構想がある種の性格を備えているなら、そこには不都合はほとんど存在しないということである。そうした状況が生じるのは、ある民族、ある党派、ある階級のもっとも強烈な傾向が見出される神話に関する場合だ。そのような傾向は、生活のあらゆる場面において本能的なレベルで精神に立ち現れるものであり、意志の変革の基盤となる、さし迫った行動への希望に、まったく現実的な一面をもたらす[16]。

ソレルによれば、高踏理論《ハイセオリー》ではなく、まさに経験に基づく直観と意思こそが、不確実な未来に現実性を与えるのだ。だから「……多様な表現に対応する大量の感情を、熟考されたあらゆる分析に先立って、直観だけをつうじて丸ごと喚起することができるイメージの集合に訴えることが必要だ[17]」。分断され分散化していく労働者階級のアイデンティティを再構築するためのイメージの集合として、ソレルが提示したのはゼネストである。

ゼネストとは、社会主義全体を包み込む神話、つまり、現代社会に対して社会主義が仕掛ける戦争の多様な表れに対応するあらゆる感情を、本能的に呼び起こすことが可能なイメージの組織化である。ストライキは、プロレタリアートの内部に、この階級が有するもっとも高貴で、もっとも深遠で、もっとも力動的な感情を生み出してきた。ゼネストは、こうした感情をすべてひとつづきのイメージの中に結集し、個々の感情の接近をつうじて、それぞれの感情に最大限の強度をもたらす。個々の闘争のじつに傷ましい記憶に訴えることで、ゼネストは、意識に浮かんでくるイメージの組み合わせのあらゆる細部を強烈な生命力で彩るのである。われわれはこうして、言葉では完全にはっきりとは伝えられないあの社会主義の直観を獲得する――しかも、この直観を、瞬時に知覚されるその全体性において獲得するのだ[18]。

ラクラウ＝ムフが指摘するように、このソレルの「神話」は、すでに多様化し分散化してしまった労働者階級のアイデンティティを再度確立するための、イデオロギー的凝集点にほかならない[19]。もちろんソレルがめざしたのは「階級的同一化」であり、それから一〇〇年を経たポスト工業社会の現在において、これはもう時代遅れだという反論に抗う気はない。だが、われわれは二〇一一年以後――異なる場の、異なる組成の――「神話」を幾度も目撃してきた。エジプト革命におけるタハリール広場、ギリシャのシンタグマ広場、スペインの「怒れる者たちの運動」におけるプエルタ・デル・ソル広場、オキュパイ運動のズコッティ公園、台湾ひまわり運動における立法院占拠、香港雨傘革命のセントラル広場、そして日本の官邸前、国会前等々、二〇一一年以後の大規模な社会運動は、つねに象徴的な大規模空間の占拠をともなってきた。しかもそれは前衛的路線によるものではなく、組織的なものでもなく、あくまで民衆の直観と自発性に誘われた結集だった[20]。そこはイスラム教徒とコプト教徒が、退役軍人とリベラルが、共通の敵に抗して結集し節合する凝集点であり、そこには既成支配の分断と同質化の重力から脱却し、片時であれ新たな社会関係をつくりあげようとする努力と苦難と営為が注ぎ込まれた。その場それ自体が、未来に方向づけられる人と人との共同のあり方の鋳型となった。そこでは、「第三期」の共同意識が政治的に開花した六〇年安保闘争がくり広げられた国会前で日高六郎が垣間見たような、「未来社会の一断片」が見いだされたのである[21]。

＊＊＊

複合災害は日本社会に新たな時間軸を設定し、「日本型企業社会／工業化社会」は「過去の支配」へと追いやられた。しかし未来は予測不能で、非決定的で、偶然的なままである。だがこの偶然的な「状況的状態」のさなかでは、諸個人の「自由の領域」は押し広げられ、新たな集合を模索する意思と行動の可能性の領野は押し広げられた。絶対的な秩序が瓦解の兆しをみせたことで、この社会の命運は「われわれ」に委ねられたのである。

注

（1）丸山真男『後衛の位置から――『現代政治の思想と行動』追捕』未来社、一九八二年、九三―一二五頁。
（2）Mike Davis, "Spring Confront Winter," *New Left Review* 72, Nov-Dec 2011.
（3）藤田省三『精神史的考察――いくつかの断面に即して』平凡社新書、一九八二年、九一―九五頁。
（4）村上泰亮「新中間大衆の時代」一九八〇年（『村上泰亮著作集』第五巻、中央公論社、一九九七年所収）一九六―二〇三頁。
（5）東京大学社会科学研究所編『現代日本社会Ⅰ　課題と視角』東京大学出版会、一九九一年、一〇頁。
（6）渡辺治『現代日本の支配構造分析――基軸と周辺』花伝社、一九八七年、一三頁。
（7）同前、渡辺、六三―六四頁。
（8）同前、渡辺、二四頁。
（9）同前、渡辺、三七三頁。
（10）同前、渡辺、二三頁。

(11)小熊英二編『平成史』河出ブックス、二〇一二年、二四頁。
(12)同前、小熊、二四—二五頁。
(13)同前、小熊、一四、八九頁。
(14)Francisco Panizza (ed.), *Populism and the Mirror of Democracy*, Verso, 2005, p. 9.
(15)ソレル『暴力論(上)』今村仁司・塚原史訳、岩波文庫、二〇〇七年、二一五—二一六頁。
(16)同前ソレル、二一六、二二〇頁。
(17)同前ソレル、二一三頁。
(18)同前ソレル、二二一頁。
(19)エルネスト・ラクラウ、シャンタル・ムフ『民主主義の革命——ヘゲモニーとポスト・マルクス主義』西永亮・千葉眞訳、ちくま学芸文庫、二〇一二年、一一〇頁。
(20)二〇一一年のオキュパイ運動が整合的・計画的なものではなく、関与者の直観の偶然的な連鎖によりつくりあげられたことは、以下で詳しく論じられている。デヴィッド・グレーバー『デモクラシー・プロジェクト——オキュパイ運動・直接民主主義・集合的想像力』木下ちがやほか訳、航思社、二〇一五年。
(21)日高六郎編『一九六〇年五月一九日』岩波新書、一九六一年、一〇七—一〇八頁。以下の日高の叙述は、六〇年安保闘争がたんなる「組織化された人びと」の運動ではなく、すでに分散化された人びとを同一化、凝集させる「神話的機能」を果たしてきたことを示している。
「デモ自体がはらんでいる緊張は、参加者にとっては思想と感情のドラマである。デモのなかには快と不快があり、利益と不利益があり、匿名の安全と肉体の危険があり、義務感と解放感があり、自律的精神があると同時に集団的な無責任さもないとはいえず、指導者の献身に彼の利益や虚栄心がいりまじっていないとはいえず、大衆のエネルギーに盲目的な衝動が全くないとはいえなかった。後方から警官に罵声を発しているグループよりも、しずかにピケをはって沈黙している仲間のたのもしさが明らかとなるのも、デモ隊の坐り込みのなかにおいてであった。とくにデモのなかでの『集団』と『個』の関係は、まさしく『思想』の問題であった。一方には、デモ参加を『個』の喪失と感じるものがおり、他方には、デモのなかでの連帯感によって、むしろ『個』の強い自覚と解放感を感じるものがあった。前者がデモに参加するのは、政治悪の『個』にたいする脅威が、『個』を一時的に放棄してでも防衛せざるをえないほど大きくなっているからであり、したがって彼によってはデモは必要やむをえない面倒な行動にすぎなかった。後者は、デモのなかでの連帯感や、エゴイズムの放棄や、小市民的な階層感覚の喪失などに、ほとんど未来社会の一断片をかいまみる気持で、デモに参加してきた。それは気質の差でもあったろうが、しかしより深く、彼がそうありたいと願う人間のタイプ、したがってそうした人間のタイプをささえる深い思想の問題が、そこにはあった。」

12章　非政治領域の政治学
——結社・集団論の新たなる組成——

六時過ぎの舗道には、家路を急いで大阪駅へ向う流れと、K会館とR会館へ音楽を聴きに行く流れが行き違い、例会会場へ足を急がせる流れは、どの顔も一日の仕事から解放され、月に一度、音楽を聴きに行く喜びに満ち溢れ、むんむんとむせかえるような若いエネルギーが漲っている。それは勤音に行く会員か、音連に行く会員かは解らなかったが、一本の太いベルトのような列になって繋がっている。この若い群衆を組織し、政治的に利用しようとする集団が、現代の仮装集団であるのだ——(1)

一　高度成長と文化的包摂

一九四九年の大阪を皮切りに、一九六〇年代半ばには全国六〇万人以上にまで拡大した「勤労者音楽協会」(労音)をおもなモデルにした山崎豊子の作品『仮装集団』は、当時の中ソ論争を背景とした党派内対立の叙述が際立ったがために左翼から不興を買い、彼女の反骨の作品群の中に列せられることはなかった。だがこの作品の白眉は、高度成長期に大量に都市に流入し、労働疎外を抱えていた中小企業労働者層をめぐる、資本と労働の熾烈な文化ヘゲモニー闘争を描いたところにこそあるのだ。

一九五五年から始まる高度経済成長のもと、農村部の人口は解体し、都市部では急激に労働力人口が膨れ上がっていた。こうした人口の労働組合への組織化がすすむ一方、かれらの文化的・日常的生活を包摂する装置として労音は拡大を遂げていくことになる。労音は全国的なネットワークを活かし、各地で音楽会を開催することで企画料・公演料を安く抑え、労働者に安い会費で音楽を提供した。また全国に数万の職場・地域単位の小規模サークルを組織し、「例会」をもとに労働者自ら企画の立案や合唱などに参加させることで意欲を喚起し、さらにはピクニックやフォークダンスなどのサークル単位の自主的な活動をおこなうことで、異性との交際といった交流、つながりの要求を組織化していったのである。元会員たちの手記にある、「労音は革命のための貯水池ということです。労音という組織をつくり、アミを全国に張りめぐらせておけば、貯水池に水は自然にたまっていきます」という党派幹部の発言は、党派による指導の枠を超えて、人びとが自発的にこの「池」に流れ込んでいく当時のようすを端的に言いあらわしている。(2) また音楽だけではなく、うたごえサークル、労働者演劇サークル、文学サークル、映画サークル、詩人会議というように、当時のあらゆる種類の文化様式に対応する「装置」がつくりあげられていた。これらが労働者のさまざまなニーズに応え、その日常生活に食い入るかたちで「組織化」はすすめられていったのである。

そして、このような革新側の文化勢力の台頭に危機感を抱いた日経連は、六三年に東京音楽文化協会（東京音協）を、六四年には全国文化団体連盟（全文連）を設立し、労音会員が希望する曲目や演奏家を意識的にとりあげ、演奏家には労音よりも高い公演料を払い、労音の例会にぶつけたり、従業員の音協への加入を推進するなどの対抗戦略を展開していった。また創価学会は、こうした労音の拡大戦略を模倣・追走し、六三年に「民主音楽協会」（民音）を設立、以後この文化装置が創価学会の拡大戦略の軸に据えられていくことになった。

戦後、知識人レベルでの「文化」をめぐる論争はたえずなされてきた。八〇年代以降にはサブカルチャーの台頭に照応するポストモダンが支配的な批評様式として台頭した。しかしながら、「文化」が膨大な大衆を巻き込み、ヘゲモニーを形成し、政治的な地勢を揺るがしたのは、これら文化集団が台頭・拮抗したこの時期をおいてほかにない。一九五五年、自由民主党の結党と左右社会党の合同によりいわゆる「五五年体制」が成立した。その後、この二大政党を支える「基軸」的な中間集団（企業、商工会・農協、労働組合）の政治ブロックの一角を突き崩し、六〇年代半ばから七〇年代終わりにかけて社会の「周辺」層で勢力を伸ばし、全国で叢生した革新自治体の担い手となったのは創価学会・公明党と日本共産党であり、これらの勢力を「非政治的領域」でボトムアップしたのが、これらの文化集団であった。

ただ、こうした文化集団は、大衆文化が普及した七〇年代には都市部では停滞し（したがって経営側の全文連の役割は早々に終わった）、八〇年代のバブル経済のもと全国に文化施設が多く建設されていったことで、勢力は地方に収縮しながらシフトしていった。しかしながら、こうした文化活動で培われた政治意識は層として今日まで生きながらえ、五五年体制の政治ブロックを形成してきた集団の政治意識が尽き果てていくなかで、いままさに安倍政権のもと、民主主義の最後に残された抵抗の社会的堡塁《バリケード》の役割を果たしている。

とはいえ、それに取って代わる政治的中間集団が姿をあらわしたわけではない。低投票率に終わった二〇一三年参議院選挙で、勝利あるいは現状を維持したのは自由民主党、公明党、共産党であり、壊滅的な敗北をした民主党で生き残った議員の多くは労働組合出身者だった。無党派層――丸山真男の言葉を借りれば――原子化された「ファン」に依拠したみんなの党、維新の会は、有機的な支持層の組織化はかなわず、潰え去ったのである。

二 丸山真男と集団・結社

政治的な危機は社会集団の危機であり、この社会集団の政治的危機には、社会学における行動科学的・定量的な分析では十分に応えることはできないだろう。また近年の政治学における定量的、「合理的」なアプローチは、文化や運動、「精神」といった「非合理的」とされる領域の力学を分析から排除してきたことで、この政治的社会集団の社会的危機を十分につかまえることはできないのである。これらは結社・集団の「脱政治化」、すなわち民衆包摂《メンバーシップ》から民衆管理《マネジメント》への、結社・集団組成の新自由主義化に対応してきた。だから、社会集団と民主主義の危機を鏡のように映し出したポピュリズム政治の席巻と、「非合理的」情念の台頭を目の当たりして、かかるアプローチは「理性」と「熟議」の処方箋を提示するのがせいぜいのところなのである。

　政治の危機は、政治－集団－文化－個人をめぐる「諸関係」の既成の観念が覆される兆しであり、かつてそのダイナミズムを歴史的に捉えようと試みた点において、丸山真男はあらためて評価されるべきと思われる。丸山が単純な「近代市民主義者」であるというのは評価の一面にすぎない。丸山が、文化や生活様式にとけこんださまざまな観念を丸ごと「精神」として抽出することを試みるなかで、時々に論じた結社・集団をめぐる議論は、こうした「諸関係」をめぐるズレ、葛藤、矛盾がもたらすダイナミズムを、実践重視で論じたところにこそ着目されるべきである。

> 近代的制度——法的・政治的・経済的諸制度のタテマエとその枠の中で実際に働いている人間関係との間に存在するズレである。……リベラリズムやデモクラシーのイデオロギーを標榜する政治集団が「権威主義的」パースナリティが支配的なメンバーからなっているといったこともありうるし、他方、社会化を主張する政党の大会において一般の平党員が、「個性の尊重」をかかげる政治集団のメンバーよりも、はるかに自主的で権威から自由なのに出くわすことも稀ではない。あるいは、典型的な伝統主義者として知られる人間の日常的行動様式が著しく個人主義的で、逆に「西欧化」論者が行動様式では伝統型の大勢順応主義者だということもありうる。……ここで重要なことは、こうしたズレが社会全体およびその下位体系《サブシステム》の変動といかなる機能的な連関をもつかを検討することである。(3)

笹倉秀夫が論じるように、丸山のこうした「諸関係」把握はパラドキシカルである。すなわち、「真に社会的であるためには人はまず非社会的でなければならないということ。国家は、こうした内面的自立に立つ人間との関係においては一旦外面化・中性化され、その暴力性・機構性において認識される」ことになり、「真の政治的自由のためには、たんに外面的制度としての政治的自由や参政権、新しい政治体制や運動体を確立することを追求するばかりではなく、まさに非政治的なレヴェルで、自我意識・自己の良心を覚醒させそれに照らして政治的諸価値をも改めて意味付与しつつ定礎させる、内面的自立が大切だという論理を獲得することになる」のである。[4] こうした丸山の「諸関係」をめぐるパラドックスは、「近代化」をめぐる歴史認識にも見いだせる。福沢諭吉における「瘦我慢」の精神と「文明の精神」、また「士魂」と「功利主義」が矛盾している、あるいは二元的と指摘されることについて丸山はこう論じる。

たしかに福沢は「封建的忠誠」の分解をラディカルに押しすすめたが、その作業は、単純に「封建的」に代わって「近代的」なものをすげかえるのではなくて、現実に進行していた解体を利用して、その構成契機の役割を転換させることにあった。……『葉隠』の非合理的な忠誠が逆説的に強烈な自我の能動性をはらんでいたのとちょうど裏腹の関係で、福沢はむしろ非合理的な「士魂」のエネルギーに合理的価値の実現を託した。[5]

「伝統的な非合理的力学が、近代的な政治的主体を形成する」というこの丸山のパラドックスは、マルクス主義歴史学の「創られた伝統」あるいは「歴史構成主義」における労働者階級の形成をめぐる議論と、またマルクス主義政治学でいえばA・グラムシの「歴史的ブロック」論とエコーしているといえる。丸山政治学は、リベラリズムとマルクス主義が同伴関係を取り結んだ特殊日本的な戦後社会科学の結晶をその要素として含んでおり、したがってマルクス主義が「深刻な挑戦」——共産主義、社会民主主義政党のアイデンティティ喪失、労働組合運動の衰退——を被ることになった冷戦崩壊以後、ともにその「現実性」を剝奪されてしまったと思われる[6]。

しかしながらわれわれは現在、ふたたび結社・集団形成の視座から政治を再考する機会に直面している。二〇一一年にアラブ諸国に広がった、いわゆる「アラブの春」の諸運動、財政緊縮に反対するギリシャの運動、「オキュパイ」運動、そして日本では3・11の大震災と原発事故を受けた大衆的な民主化運動と抗議運動、そしてその後もアジア諸国や日本で大規模な大衆的抗議を目の当たりにしている。これらは、一方では極右運動——米国の茶会運動や日本の在特会といった——との結社・集団間の抗争をくり広げつつ、他方で新たな政治意識の萌芽を実践的につくりあげつつあると予感されるのである。第10章で論じた、反グローバリズム運動の中から登場した「新しいアナキズム」の思想と運動が、原理的かつ教条的な「アナキズム」によらず、既成の社会集団の解体と「自由と民主主義のきずな」の弛緩という事態に対応し、反権威主義的・民主主義的な集団形成の技法を実践重視的《プラグマティック》に展開しているのは、これらの状況の反映にほかならない。こうした「新しいアナキズム」の提起に誘われつつ、いままさに丸山政治学は「非政治領域の政治学」として、再度検討に附されるべきと思われるのである。

では丸山真男は、現在危機におちいっている政治ブロックを構成してきた高度成長期以後の社会集団について、どのように捉えていたのだろうか。それ以前の一九五〇年代の「政治の季節」において、丸山は幾度かこのテーマについて論じている。五二年、総評が「ニワトリからアヒルへ」の左翼急進主義路線を確立するさなか、丸山は労働組合についてこう論じている。

労働組合こそは現代社会における大衆の原子的解体に抵抗する最も重要な拠点でなければなりません。……労働組合の使命は単に狭い意味の経済闘争にあるのではなく、むしろ、そこで政治・社会・文化のあらゆる問題が大衆的に討議され、また教育されることによって人間の規画品化、大量通信報道機関による知識の画一化、趣味・教養の末梢化の傾向と戦い、大衆の自主的な批判力と積極的な公共精神を不断に喚起するところにあるのだと思います(7)。

また一九五七年、総評が原水協に一括加盟し、原水爆禁止運動の隊列が飛躍的に拡大したときに、このように論じている。

階級的な同一性に立った組織と同時に、それと違った次元に立ったいろいろな組織化の方法をできるだけ多く組合わせて積み上げていかざるをえない。それは単にマテリアルに力を強くするためだけではなしに、一つの組織の思考法が固定し、沈殿するのを防ぎ、いろいろなイメージを合成しながら、もっと流通度の高い言葉を見出して行くためにも必要です。……むしろ戦後に国民的規模で成功した組織化は、原水爆反対運動にしろ、母親大会にしろ、ほとんど、いわゆる階級的組織化ではないといっても言いすぎではない。しかしそれがどういう思想的な意味をもっているかということは、必ずしも十分に反省されてないんじゃないかと思うのです。(8)

労働組合運動の前進に期待を寄せつつも、その非階級的特質に「個人の内面の確立」、すなわち市民的自由と近代民主主義確立の可能性を見いだすというパラドキシカルなこのロジックは、この五〇年代における総評労働運動が、狭義の経済闘争を超えて平和と民主主義、市民的自由をめぐる政治闘争の主力として活動しているという現実に実践主義的《プラグマティック》に対応したものであり、それはかかる日本の労働組合運動の特殊なあり方に「ヘゲモニー形成」の可能性を見いだした日本マルクス主義と、究極的には異なる理念を抱きながら、同じ「器」に期待を寄せていたということでもある。(9)

しかしながら、このような丸山の実践重視のアプローチは、六〇年安保闘争と保守政治の転換——戦前回帰の断念と、日本国憲法と日米安保条約の折衷的受容——を境に、ほぼ姿を消していくことになる。以後丸山はこのテーマについて論じるにあたって、より原理的・歴史遡及的な志向を強めていく。そしてそれは、一面においては高度成長後の日本社会の変化への丸山政治学の「答え」であった。しかしながら、この「答え」が、その変化のもとで生じた別の可能性を看過することに帰結したとも思われる。丸山は、高度成長後の政治と社会集団をどのように捉えていたのか。これについてしばし論じたい。

三　近代化による「原子化」をめぐって

丸山が「諸関係」をめぐるズレ、葛藤、矛盾がもたらすダイナミズムを、自我の問題として、「自我の属する上級者・集団・制度などにたいする自我のふるまいかた」の問題として歴史的に論じたのが『忠誠と反逆』（一九六〇年）である。(10)「およそ個人の社会的行為のなかで忠誠と反逆というパターンが占める比重は、生活関係の継続性と安定性に逆比例する。伝統的生活関係の動揺と激変によって、自我がこれまで同一化《アイデンティファイ》していた集団ないしは価値への帰属感が失われるとき、そこには当然痛切な疎外意識が発生する。この疎外意識がきっかけとなって、反逆が、または既成の忠誠対象の転移が、行なわれる」という名高きテーゼのもと、丸山は、かかる自我確立の日本における弱さを封建時代における中間集団の弱さに求める。(11)

すでに徳川幕藩体制において、本来の封建的特質――武士階級だけでなく、寺院・商人・ギルド・邑村の郷紳等の多元的中間勢力の広汎な分散と独立性――がすでにかなり弱体化していたことが、「身分」や「団体」の抵抗の伝統を底の浅いものとし、それだけ明治政府の一君万民的平均化が比較的容易に行なわれる基盤があったといえるのではないか。(12)

このように丸山は、「自由討議、自主的集団の多様な形成、及びその間の競争と闘争」を可能にするような、近代的自立集団形成の根拠を、封建時代の身分制に基づく中間集団の強度に据えている[13]。そして、そうした「中間集団の自主性……の伝統が、近代日本においてなぜ自発的集団のなかに新しく生かされなかったのか、さらには日本ではなぜ絶対主義的集中が国家と社会の区別を明確に定着させる……かわりに、かえって国家を社会に、逆に社会を国家に陥没させる方向に進んだのか、そこに含まれた意味を問うことになると……現代につながるテーマになる」と、その近代への連続性を強調する。明治以降に異常なテンポですすんだ近代化は、近代化によって形成された中間層の官僚的系列化をおしすすめ、大正デモクラシー期に至っても「革命思想」が「底辺の人民＝プロレタリアートの『反逆』の直接的な集中の意義を過信」しつづけたために、ついに中間層の政治的ダイナミクスの意味づけに成功することはなかった[14]。ここからは、こうした中間層の政治的自立性の弱さを労働組合運動に依拠することで克服しようとする、すなわち階級的なものを踏み台に非階級的なエートスをつくりあげようという、当時の丸山の現実への欲求が垣間見える。

しかしながら、こうした丸山の実践主義的、つまり理念を追求するための担い手の探求は、高度成長というさらなる圧縮された近代化のプロセスを経るなかで、断念されたと思われる。「個人析出のさまざまなパターン」（一九六八年）の中で丸山は、個人のあり方を「自立化」「民主化」「私化」「原子化」と図式的に類型化している。丸山はこのうち、英国のヨーマンリ（貴族階級）から成長した上昇期ブルジョアジーなどの遠心的（つまり、国家など中枢からの相対化指向）、結社形成的な「自立化」を理想的個人とし、他方それに対立する求心的（国家など中枢への一体化志向——引用者）、非結社形成的で他者志向的なパーソナリティを「原子化」された人間像と類別している[15]。そしてこう論じる。

第二次大戦をコーダとする日本近代の交響楽的発展の複雑な楽譜をたどってゆくと、ある特徴的な音形がくりかえし現われていることがうかがわれる。……個人析出の現象が表面化して世人の注目をひくにいたったときには、私化か原子化の行動が優勢をしめて自立化や民主化へのかすかな動きを圧倒するのがつねであった。(16)

確かに、このような歴史的に遡及され、かつ戦後日本社会をつかんだ原子化の優位という丸山の視角は、高度成長期の日本社会の「基軸」の性格を捉えていたと思われる。六〇年安保を経て労働組合運動はそのまま成長することはなかった。その「政治ブロック」である日本社会党は六〇年代には早くも停滞期に入り、自由民主党の長期的一党支配が確立していくことになる。増大した正規労働者の忠誠心は、国家や資本を相対化する労働組合ではなく、原子化された激しい忠誠競争のもと企業へと向けられた。このような渡辺治のいう「企業支配」の確立は資本蓄積に有利な環境をつくりだし、七〇年代初頭のオイルショックで先進諸国が不況におちいるのを尻目に日本は経済成長を続けた。丸山のいう求心的、非結社形成的、他者志向的な個人像は、八〇年代の「トヨティズム」「ポストフォーディズム」と名指された日本資本主義の蓄積体制のもとでの労働者像そのものであった。(17)

しかしながら、このような丸山の集団形成をめぐる歴史遡及的・原理主義的把握は、日本社会のダイナミズムの画一的な把握に帰結し、その政治社会過程上の多元性・対抗を看過したと思われるのである。丸山の「個人析出のさまざまなパターン」の締めくくりは、自らの原理に拝跪し、まるで宿命感と諦念に囚われたかのようである。

東京の発展と膨張はほとんど「自然」の勢いにゆだねられ、街路や広場や公園の大規模な整備計画、建築様式の規制といった人口集中にたいする長期的な対策が全く存在しなかった。……東京は、およそ住民のパースナリティを規律する生活様式の都会的なパターンをなんら打ち出さなかった。……東京のようなマンモス都市の現実の姿が、およそ結社形成型の個人析出もまた存在するのだという観念を人々になじみうすいものにさせているかぎり、政治的・社会的な無秩序や隣人連帯の欠如が直ちに個人析出一般と同一視されるような心理的素地はいつも用意されている[18]。

だが実際は、このような諦念が表明されたこの時期こそが、今日の民主主義の最後の堡塁《バリケード》が形成されたときなのである。丸山は、資本－賃労働関係における支配的様式の政治思想的検討はなしたものの、しかし、その支配様式が生み出す疎外を吸収・統合し、時には政治的・社会的に能動化する空間的・文化的な様式との、社会装置間の相互浸透、統合、拮抗、競合、またイデオロギー形成について十分に捉えてはいない。

六〇年代、東京都区部で労音をはじめとした文化運動が拡大していく一方、郊外では大規模団地の建設がすすんでいた。当時の、おもに西武線沿線の団地を研究した原武史は、この時代における「私生活主義」の蔓延という議論に対峙し、この団地を舞台とした「政治」に着目する[19]。アメリカでは、第二次大戦後の都市人口の急増のもとでも団地に相当する集合住宅は建設されず、ソ連では大量に建設された。このソ連に匹敵する同質的な集合住宅への大量の労働者家族の流入と住民問題の発生は、住民の原子化ではなく結社形成的な自立化を促し、直接民主主義的な自治の担い手をつくりあげていった。そして、「共産党の支持者が、労働者階級の多い東部や下町から、新中間階級の多い西部の多摩地域に……波及するとともに、主婦をはじめとする女性の支持者」を拡大し、さらには創価学会がこれを模倣・追走していった。[20] 丸山の論稿「個人析出におけるさまざまなパターン」が書かれたのは、この新たに形成された中間階級を支持層の一角に加えた、美濃部革新都政の誕生直後のことである。

丸山の「自立化」の理念型の参照先のひとつであるアメリカ合衆国では、労音に匹敵するような文化へゲモニーがつくりあげられたのは一九三〇年代のニューディール／人民戦線時代であり、戦後冷戦下においてそれは解体の憂き目にあう。[21] そして、四〇年代後半から五〇年代後半の郊外化における中産階級のマイホーム化は、「コミュニティの行動の焦点を所得資産価値の防衛や個人化されたアイデンティティへと向けさせ、郊外の投票行動を保守的な共和党へと転換させた」のである。[22] 都市空間の新中間階層については、むしろアメリカ合衆国のほうが「原子化」モデルに接近していったといえる。

もっとも、原武史がこうした団地における自治を鉤括弧つきで「コミューン」と呼称しているように、それは「下からの自治」というよりは「上からの社会主義」に近いもの――労音も然り――ではあったかもしれない。[23] また、それはあくまで宗教団体や政治結社の仕切られた壁の内側の話かもしれない。それでも、こうした「場」においては、それまで「非教養層」とされていた人びとに文化に接する機会が提供され、任務や役職が比較的分け隔てなく割り当てられることで主体的な参加がなされ、地域別に編成された支部や分会が政治的な討議と訓練の場として機能し、さらにはそれが地方、全国政治へと接続されていったのである。

　そして、わたしたちはいま、少数派による多数派支配を確立し、権威主義的秩序の確立をもくろむ安倍政権のもと、こうした大衆民主主義的な社会集団の最後の攻防に立ち会っている。二〇一四年四月二六日、野党・民主党の支持母体である「連合」は中央メーデーに来賓として安倍首相を招いた。安倍が登壇した瞬間、少数のプロテスターたちが怒号をあげた。しかし、自らの利益にまったく相反する政策を掲げる首相を前にして、メーデー参加者たちの圧倒的多数は沈黙に逃れた。「労働者の祭典」であるにもかかわらず、プロテスターたちは警察によって会場から排除されたのである。

　それに対して与党・公明党の支持母体である創価学会は、安倍政権が強行する集団的自衛権の容認に反対を表明した。二〇一四年六月末、公明党執行部が妥協に傾いたことに創価学会員の多くは異議を申し立て、地方組織の多くは抵抗の反旗を掲げた。だが熾烈な攻防のなか、ついに公明党執行部は国家に呑まれ、これら草の根の民主主義の声を上から轢《ひ》き潰していったのである。形骸化した「基軸」的労働運動が沈黙に逃れ、「周辺」的社会集団が轢き潰されるとき、丸山のいう「原子化」された個人像が、本格的に社会をつかみはじめるのである。

四　終焉からの発端

だがこうした「終焉」はまた、「発端」を意味しているのかもしれない。丸山が論じたように、「日本」は数度の「開国」を経て人の集合の解体と結集をくり返してきた。開国は「室町末期から戦国にかけてがその第一であり、幕末維新がその第二であり、今次の敗戦後がその第三」であった(24)。グローバル化のもと東アジアが沸騰する現在は、まさに「第四の開国」かもしれない。そしてこの「開国」による解体が、歴史的に「異質的な社会圏との接触がひんぱんになり、いわゆる『視野が開ける』にしたがって、自分がこれまで直接に帰属していた集団への全面的な人格的合一化から解放され、一方で同一集団内部の『他者』にたいする『己』の個性が自覚されると同時に、他方でより広く『抽象的』な社会への自分の帰属意識を増大させ」てきた、つまり新たな結社と集団形成のための民衆的な力を強めたこともまた、事実なのである(25)。

たとえば、欧州近代の黎明期における「匪賊」の登場は、「社会全体の瓦解、新しい階級と社会構造の発展、生活様式の破壊に対する共同体ないし民衆全体のレジスタンス、等々を反映しているばあい」があった(26)。義賊「ロビンフッド」が現象として各地にあらわれるのは「社会の伝統的な均衡がくつがえされる時」であり、「動的な近代社会のあごが、静的な諸共同体をつかまえて、それらを破壊し転形しようとしている」ときである(27)。そして「大きな団体のくずれゆく時、あるいはくずれ去ったあとに、サークルが活力をもって、官僚組織を媒介としない独特の活動を示す場合」もある(28)。集団的自衛権容認の閣議決定をめぐる攻防がピークを迎えた二〇一四年六月三〇日から七月一日にかけて、平日の夜にもかかわらず数万の群衆が首相官邸前に結集し、怒号の渦を巻き起こした。夜が更けはじめると「主催団体」は消え去り、「団体旗」はほぼ見当たらなくなった。ただ、そこでは三色旗を掲げた創価学会の人たちが、他の参加者と固い握手を交わしていた。「仕切りの壁」は崩れ落ち、新たな集合を希求する人びとがそこに集ったのである。

ただ、こうした「新しい秩序」形成の試みが、まず新たな保守運動として登場したことは留意すべきである。冷戦崩壊後の東アジアの地政学的変動を背景に台頭した「在特会」をはじめとするレイシスト集団がそれである。戦後民主主義の権威に対して権威主義的に対抗するこの運動は、保守政治の変質と連動し、いまや言説の水準では政権中枢に連なるまでになっている。だが、「情勢」の成長ホルモンを注入され促成栽培されたこの運動の過剰政治化は、この運動の脆さを規定してもいる。[29] 樋口直人によれば、「日本型排外主義はすぐれて政治的な性格」をもっており、欧米とは異なり「運動の基盤となるようなサブ・カルチャー集団は実質的に存在しない、ヴァーチャルな基盤に特化した運動」である。[30] これは「非政治領域」における社会的堡塁《バリケード》が欠如した運動であり、丸山の個人の「原子化」の定義にふさわしい、「過政治化」した運動にほかならない。

「原子化したタイプは過政治化と完全な無関心の間を往復するのを特質とし、権威主義的・カリスマ的政治指導にもっとも感染しやすい。……一九三〇年代において大恐慌のもたらした原子化の急増が、左翼運動を助長するよりもむしろ超国家主義への道をきり開く方向に働いたということもまた怪しむに足りない」[31]。脆くかつ急進主義的なこの集団組成は、同じく脆くかつ急進主義的な安倍政権の政治組成《ポリティクス》の「鏡」にほかならない。

丸山にならうならば、「非政治領域」における政治的対抗の原動力はその組成のあり方から生じる。3・11以降台頭した社会運動は、政治的な回路が閉塞するもと、敵対性を資源にしたという点においては「ポピュリズム」的性格を色濃くもっている。(32)しかしその運動の内容は、新たに生まれた、あるいは過去の運動のものを継承した、無数の文化的・地域的結社・集団の破片《クラスタ》が瓦礫のように折り重なって編成されている。ここにおいてレイシズム集団とは決定的に性格を異にしているのである。(33)

以下とりあげる破片《クラスタ》のひとつについては、社会運動「全体」の性格をあらわしているとは言えないだろう。それは歴史的というより「前史的」なものかもしれないから、とりあげるのは早すぎるかもしれない。だが、転形の時代においては「全体」を俯瞰するよりもむしろ、こうしたささやかな営みからこそ、未来を見通す視座が得られるようにも思えるのだ。

五 「ダンマク隊」

最近、東京都下でおこなわれるデモや抗議行動では、大きいものでは一〇メートルの「横断幕」を掲げるグループが目立つようになった。いわゆる「団体旗」がもはや内向きの集合機能しかもたない現状において、この「ダンマク」は外に向けて抗議参加者の意思を包み込んでいくシンボル的な役割を果たしている。(34)

この「ダンマク隊」は、しかしながら、つねにすぐれた指導者に率いられているわけでも、メンバーシップがあるわけでもない。二〇一三年初頭、新大久保で始まった反レイシズム・カウンターに呼応するかたちで、清義明《せいよしあき》率いる横浜マリノスのサポーターたちがまずこの行動を始めた。「ダンマク」（横断幕の略）というフレーズに反応して参加するサッカーサポーターも多いと思われるが、かならずしもそれというわけではなく、ツイッターで参加を呼びかけ「ダンマク」を持ってもらう、そして持ち手が自主的に集まり、現場で結集・解散をくり返すなかで、人が入れ替わり立ち代わりこの「集団」を担っている。

ただ、こうしたあり方には「サポーター文化」が色濃く反映している。「ダンマク隊」のメンバー「山梨」は語る。「サポーター集団はリーダーが次々代わっていくので、ずっと同じ人がやっているわけではない。二〇一三年一二月の秘密保護法の抗議のときは自分がやった。あと個人の行動がサッカーは重要。ゲートフラッグも一人で作るものなので、あくまで自分の責任でやる。僕は誰にも相談していないで持って行った。誰かにやりますよというものではない。あくまで自分でやる。各々やりたい人が勝手にやる。」

このように、さまざまな政治課題や行動に、リードする個々人の意思に基づいて「ダンマク」は展開されるわけだが、とはいえ「個人主義」なわけではない。それは「みんなでやらなければできない」（山梨）。「プロ野球には応援団にリーダーがいる。でもサッカーは、中心集団はいても、いろんなところで発生したものを『かぶせていく』場合が多い。野球のようにヒッティングマーチがあるわけじゃなく、その都度人文字とかがやられていく。これはたぶん、誰かが指導はしているだろうが、ここにはクラブは関与せず、各々が紙を用意してその場で配っていく。このあり方は反原発運動と似ているところがあって、小さいグループが会合ひらいてみんなでいろいろ持ち寄って、個別に計画に基づいて動いていく。だから自由度が高い。上から降りてくるような感じがない」（日下部）。そして、「サッカーに興味がある人にとっては、〔こうしたあり方は――引用者〕なじみがある。行動を何度もくり返していくなかで、その効果が実証される。集う人にはサッカーに興味がない人もいただろうが、足を運んだら『ダンマク』があって、参加した気持ちになれる。『ダンマク』を持ってレイシスト集団を追いかける。」（日下部）

　ここからは、デモという多衆結集の場における、主体的参加と集合の契機が見いだせる。「デモは完全に一人で行って一人で帰るという感じだったが、『ダンマク』の場合はゆるいつながりがある。ここが原発デモとダンマク隊の違い」（藤井）。また、在特会をはじめとするレイシスト集団の「ダンマク」は既製品であり、「ダンマク隊」は「つくるときは、何人か集まる。呼びかけてつくる」（藤井）。かれらからすると、レイシスト集団には「つながりがなく」、「イデオロギーがあるのかと思うくらいに、行き場を求めている」（藤井）ように見える。

　そして、こうした文化と運動、政治の結合様式は、3・11以後の社会運動全体の特徴の一端をあらわしてもいる。「反原発運動にはいろいろなクラスタがあって、音楽や趣味のそれがまずあって、そもそもそこでつながっていたのが、だんだんと収斂していって、さまざまな政治問題に少しずつ関心をもち知恵を寄せあい集まってきている。つまり、もともとのコアなつながりは、〔政治領域とは――引用者〕ちょっと違うところにある」（日下部）。運動への主体的参加と集合の機会を拡散しつつも、

HATE RACISM
HATE FASCISM
MANGA AGAINST RACISM

しかしこうした領域的な「違い」「ズレ」が重層的にあることで、丸山がいう原子化した個人による「過政治化」は制御されているのである。このように、「ダンマク隊」をはじめとするさまざまな運動破片《クラスタ》は、「団体」というよりは「踏み台《プラットフォーム》」である。それは「古い殻」の中から生まれた、新たな政治組成を予示しているのかもしれない。そして、こうした「踏み台」が運動内部に無数に張りめぐらされていくかどうかが、政治－集団－文化－個人をめぐる「諸関係」の、民主主義的な再生の試金石と思われるのだ。

＊
＊
＊

「僕はサッカー好きなので、二〇〇二年の日韓戦からレイシストが発生し、ナショナリズムが高揚したといわれるのに対して、それは違うと言いたかった。逆にそうじゃない要素があると言わないといけないと思った。サッカーがナショナリズムを煽るという通説があるが、そうじゃないものもあると言わないといけないと。だから一〇年前から反レイシズムをやるようになった。」（山梨）

権威主義的秩序の確立と新自由主義改革は国民《ネイション》と国家《ステイツ》の一体性を突き崩し、前者の危機と後者の統合力の喪失を同時に進行させている。一九四五年の「第三の開国」による国体の絶対性の喪失にあたって、丸山は「自由なる主体となった日本国民にその運命を委ね」る機会を見いだした。(35) 今日のナショナリズムの高揚はネイションの危機のあらわれであり、「そうじゃない」対抗的なネイション構築をめぐる攻防は、「自由なる主体」形成をめぐる結社・集団形成の水位でこそ、実は激しくおこなわれている。ネオリベラルな「自由」という名の「解体」が政治と社会を覆うなか、「自由というのは無秩序とは違う。無秩序に晒されるとき、人間は逆に強制されている。運命から自由であるというとき、自由は、無秩序に対抗する秩序がその本質」であるという、ある反レイシズム「ダンマク隊」メンバーのつぶやきには、この社会にいまだ広く沈殿したままの要求が込められているように思えるのだ。(36)

注

（1）山崎豊子『仮装集団』新潮文庫、一九六七年、六九八頁。
（2）思想運動研究所編『恐るべき労音——五〇万仮装集団の内幕』全貌社、一九六七年、二〇頁。
（3）丸山真男「個人析出のさまざまなパターン」（『丸山真男集』第九巻、岩波書店、一九九六年）三八〇—三八一頁。
（4）笹倉秀夫『丸山真男論ノート』みすず書房、一九八八年、八六—八七頁。
（5）丸山真男『忠誠と反逆』ちくま学芸文庫、一九九七年、五七—五八頁。
（6）「深刻な挑戦」の思想史的経緯については以下を参照。シャンタル・ムフ、エルネスト・ラクラウ『民主主義の革命』西永亨・千葉眞訳、ちくま学芸文庫、二〇一二年、三六頁。
（7）丸山真男「政治の世界」（『丸山真男集』第五巻、岩波書店、一九九六年）一九〇—一九一頁。

（8）丸山真男「思想のあり方について」（『日本の思想』岩波新書、一九六一年）一四九頁。
（9）こうしたマルクス主義と「市民主義」の五〇年代における結合については以下を参照。渡辺治「階級の論理と市民の論理」（『わたくしたちの時代』第一二巻、東京大学出版会、一九九六年）四〇八—四一六頁。
（10）前掲、丸山『忠誠と反逆』九頁。
（11）同前、三七頁。
（12）同前、七三頁。
（13）丸山真男「開国」（『忠誠と反逆』ちくま学芸文庫、一九九七年）一三一頁。
（14）前掲、丸山『忠誠と反逆』一二四頁。
（15）前掲、丸山「個人析出のさまざまなパターン」三八三—三九二頁。
（16）同前、四一〇—四一一頁。
（17）「企業支配」の構造分析については以下を参照。渡辺治『現代日本の支配構造分析——基軸と周辺』花伝社、一九八八年。
（18）前掲、丸山「個人析出のさまざまなパターン」四一五—四一七頁。
（19）原武史『レッドアローとスターハウス——もうひとつの戦後思想史』新潮社、二〇一二年、三〇八頁。
（20）同前、二三五頁。
（21）「ヘゲモニー論」を用いてアメリカの一九三〇年代の文化と政治について論じたものは以下。Michael Denning, *The Cultural Front*, Verso, 1997.
（22）デヴィッド・ハーヴェイ「都市への権利」（平田周訳、『VOL』04、以文社、二〇一〇年）一一五頁。郊外化による個人の原子化と疎外を描いた代表的な作品としては以下。リチャード・イェイツ『家族の終わりに』村松潔訳、ヴィレッジブックス、二〇〇八年。
（23）前掲、原『レッドアローとスターハウス』三八九頁。

（24）前掲、丸山「開国」一九四頁。
（25）同前、二一五―二一六頁。
（26）E・J・ホブズボーム『匪賊の社会史――ロビン・フッドからガン・マンまで』斎藤三郎訳、みすず書房、一九七二年、九頁。
（27）E・J・ホブズボーム『素朴な反逆者たち――思想の社会史』水田洋ほか訳、社会思想社、一九八九年、六四頁。
（28）鶴見俊輔「なぜサークルを研究するのか」（『鶴見俊輔集九　方法としてのアナキズム』筑摩書房、一九九一年）九八頁。
（29）本書第1章で、日米の新たな右翼運動を比較して論じた。
（30）樋口直人『日本型排外主義』名古屋大学出版会、二〇一四年、六四、九四、一三九頁。
（31）前掲、丸山「個人析出のさまざまなパターン」四一二頁。
（32）今日の運動と政治のポピュリズム的性格については以下で論じた。拙稿「ポピュリズム、民主主義、橋下政治のゆくえ」（『現代思想』二〇一二年五月号）一〇三―一〇六頁。
（33）この破片《クラスタ》のいくつかについては以下等で論じた。拙稿「反原発デモはどのように展開したか」（小熊英二・木下ちがや共編著『原発を止める人々』文藝春秋、二〇一三年、三〇五―三一三頁）、拙稿「二〇一三年の民主主義――社会運動は政治にどう対抗したか」（『現代思想』二〇一三年一一月号、本書第4章として所収）。
（34）以下は「ダンマク隊」メンバー、山梨、日下部将之、藤井久美子からの聞き取り（敬称略）。二〇一四年六月一〇日。
（35）丸山真男「超国家主義の論理と心理」（『丸山真男セレクション』平凡社、二〇一一年）八〇頁。
（36）清義明のツイッター、二〇一四年五月三〇日。http://twitter.com/masterlow/status/472497282735026176

あとがき

二〇一七年一月から六月まで開かれた第一九三国会は、憲政史上かつてなき汚点を残すものとなった。小学校建設用地売却への政府関係者の便宜供与をめぐる森友学園疑惑と、安倍総理の友人の学校経営者の求めに応じて「行政をゆがめた」とされる獣医学部の強引な設置をめぐる加計《かけ》学園疑惑は、政権を揺るがすスキャンダルとなり、ついには朝日新聞などがリードした「文科省の反乱」と呼ばれる事態に発展した。しかし政府・官邸は、読売新聞など一部大メディアを利用して告発者への人格攻撃を含む弾圧をおこない、全力で疑惑の封じ込めを図っている。また自衛隊の南スーダン派遣時の「日報」の組織的隠蔽は文民統制を揺るがした。さらに、前年の「天皇談話」を受けて国会に上程され成立した「天皇の退位等に関する皇室典範特例法」をめぐっては、退位を現天皇限りの「特例」とすべきか「恒久法」とすべきかで保守勢力内部でも意見が対立し、怒れる宮内庁が毎日新聞など一部メディアに「天皇の意思」をリークするという、前代未聞の事態が発生したのである。

そして六月一五日、与野党の徹夜の攻防を経て強行採決されたいわゆる「共謀罪」の審議過程では、憲政史上ありえないような「禁じ手」が次々と使われた。五五年体制の保革対立の中で、議会制民主主義を安定化させる「妥協の手」として暗黙裡に合意されていた国会運営の不文律が、次々と破壊されていったのである。

国家装置たる文科省、自衛隊、宮内庁などから、安倍政権とその閣僚に対する強い拒否感と違和感が表明され、文科省に至っては「反乱」ともいえる事態が起き、マスメディアどうしの対立まで巻き込む攻防にまで至ったにもかかわらず、「高支持率」のもと長期政権を維持し、宿願である憲法改正に突き進もうとしているいまの安倍政権のあり方は、冷戦崩壊期以降くり返されてきた日本の政治システムの改編の帰結である。小選挙区制の導入、橋本政権における省庁再編、小泉政権における官邸主導の確立、そして第二次安倍政権におけるメディアの分断と抑制の完成と内閣人事局の設置による官僚人事の支配、こうした制度的条件が安倍政権の独裁を可能にしたのである。

外交も然り。冷戦期の自民党政権は、日本国憲法九条と日米安保条約を「アウフヘーベン」（止揚）した上で、国内政治のヘゲモニーの延長線上で外交を捉えていた。つまり、国内政治の安定の基盤の上で、アメリカから相対的に自立した外交を模索していた。田中角栄内閣における日中国交正常化はまさに、自民党内の右派勢力を利益政治で封じ込めることにより成し遂げられたのである。それに対して安倍政権では、「地球儀を俯瞰する外交」を掲げ、外交を国内政治向けのプロパガンダの道具として使うようになった。従軍慰安婦問題や、共謀罪導入による人権侵害についての国連や国際社会からの懸念・批判には敵意を剝きだし、核兵器禁止条約には背を向け、日中・日韓外交は破綻の窮地に追い込まれている。にもかかわらず、ひたすら「北朝鮮の脅威」を煽り、「内向きの言葉」で世論の誘導に邁進する安倍外交の「ツケ」は、今後の日本と国際社会とのかかわりに深刻な影を落としている。

本書を手に取った方々の多くは、こうした安倍政権のありように、もどかしさを感じているのではないか。というのも、安倍政権は「独裁的」ではあるものの、それに対する民衆の熱狂的な支持があるわけではないからだ。小泉政権の郵政解散時のようなメディアの高揚もなく、ただひたすら「内向きの言葉」を発してその場をしのごうとしているだけだ。数多くの人びとがデモや集会に集まり、野党は国会で徹底追及をし、リベラルなメディアは奮闘し、前川喜平・前文部科学次官のような勇気ある告発者が登場し、安倍政権の異様さは白日の下に晒されているにもかかわらず、というもどかしさである。

だが、このような安倍政権の「引きこもり状態」をつくりだしたのは、まさにわたしたちであるとも言えるのだ。3・11以後、路上のデモやＳＮＳでくり広げられてきた民主主義を求める声は、レイシズムに対抗し、バラバラだった野党を変え、リベラルなメディアを励まし、安倍政権が国家権力内部から弾き飛ばした民主主義の空間を民衆の地平から再生しようとしてきた。発足当初はメディアを利用した大衆煽動を企図していた安倍総理が、お気に入りのごく一部のメディアやフェイスブックにしか登場できなくなり、今国会では党首討論すら開けず、私邸から御用評論家に電話する以外、なす術を失うまでに至ったのは、まさにこの六年間に培われた、下からの民主主義の声を恐れたからである。

わたしたちが日常の時間の一部を割いて参加するデモや集会は、ただの自己満足などではもちろんない。民主主義を希求する人びとの集合的な声は、対抗的な政治を育むだけではなく、支配層内部の亀裂を促し新たな政治空間を生産している。加計疑惑をめぐる前川前次官の告発はまさにその好個の一例である。内政・外交のあらゆる側面で閉塞を強めている安倍政権の「古い殻」の中から「新しい社会と政治」を生み出そうという意思は、従来の保守・革新、またさまざまな階層や地位の違いを越えて高まりつつある。現在の路上におけるデモや集会は、これらの異なる諸分子を節合し、異なるままにひとつの公的な政治空間をつくりあげていく力と可能性を秘めている。

本書のいうところのポピュリズムとはまさにこの、時代の再編期に生じる人と人との、異なるものどうしの新たな集合のことだ。わたしたちが、いまの政治にただ一方的に流されているのではなく、一人ひとりの主体的な営為が現実政治を揺るがし、次世代の政治を準備しているということを本書では描いたつもりである。安倍政権が悲願として掲げ、あらゆる課題を脇において遂行しようとしている憲法改正は、改憲を推進する側と反対する側のどちらが「国民的」であるかを争う闘いになるだろう。これから始まるその闘いをくり広げていく上で、本書が多少なりと参考になれば幸いである。

＊＊＊

本書の大部分は、この一〇年余りの間に主に『現代思想』誌に発表した論文がもとになっている。もともと「思想系」でもない僕に執筆の機会を与えてくれたのは、当時編集長だった池上善彦さんである。池上さんの「民衆」への強いこだわりは、論攷だけではなく実践上のさまざまな僕の「判断」にも大きな影響を与えている。そしてこの一〇年にわたり担当編集者を務めてくれた『現代思想』編集部の押川淳さんとは、とりわけこの六年、数えきれないほど一緒にデモで歩き、議論し、いろいろなことを考えてきた。本書は彼との「合作」と言ってもいいだろう。

推薦文を寄せてくれた小熊英二さんとも、3・11以後一緒にデモに通い、その場で議論をしてきた。小熊さんは3・11以後、運動のみならず政治・社会について膨大な論攷や書籍、加えてドキュメンタリー映画まで自ら制作し世に発してきたが、本書は「政治学」という僕の視角からの氏への応答でもある。写真を提供してくださった写真家の島崎ろでぃーさんも、レイシストへのカウンター行動で出会った。本書にかかわる人たち、また3・11以後に出会った人たちとはみな、路上で行動しながら語りあってきたし、これからもそうしていくだろう。

本書の編集を担当していただいた大月書店の岩下結さんとの最初の出会いは、第8章で少しふれた一九九八年の一橋大学学長選改廃問題のさなかだった。大学院生自治会の理事だった僕が大学正門前の横断歩道を渡っているときに、一人でやたらセンスのいい大きな立て看を描いている学部生が目についた。それが岩下くんだった。活動家っぽくもない彼のようなタイプが、誰に頼まれたわけでもなく黙々と立て看を描いているというのが当時の一橋大学の自治の風景であった。岩下くんに限らず、3・11以後は、僕が学部生時代から知り合い、その後それぞれの道を歩んでいった、たくさんの旧友にふたたび出会う時間でもあった。冷戦崩壊と九三年政変を経て、変容の度合いを強めつつも対抗的な運動が弱体化していくときに学生時代を過ごし、問題意識をもちつつもバラバラになっていた僕の世代の人たちがふたたび集い、新しい世代を支えようとする。3・11以後は、僕にとってそんな時間でもあった。

最後に、第12章でとりあげた文化運動は、僕の母の人生でもある。保守的な徳島県で労働者演劇、映画運動に取り組み、いまも改憲に反対し安倍政治に対抗する野党共闘を支えるコミュニティを作り上げた。母の世代の長い闘いの軌跡の上に、わたしたちはいる。

二〇一七年七月一日

木下ちがや

初出一覧

いずれも本書収録にあたり加筆、削除、補正を大幅に加えた。

序章　変わりゆく社会と新しい政治（書き下ろし）

第Ⅰ部

1章　民意の政治学――小泉純一郎から安倍晋三へ
『現代思想』青土社、二〇〇八年一月〔原題　現代のコンフォーミズム――「民意」の政治学〕

2章　〈常識〉の政治学――二〇〇九年政権交代の教訓
『現代思想』二〇〇九年一〇月〔原題　〈常識〉の政治学――政権交代をめぐる「過去」と「現在」〕

3章　反原発運動はどのように展開したか――3・11から首相官邸前抗議まで
『人間と教育』七七号、民主教育研究所、二〇一三年三月〔原題　運動の「可視化」から「政治化」へ――反原発運動の二年〕

4章　第二次安倍政権の発足――開かれた「野党共闘」への道筋
『現代思想』二〇一三年一一月〔原題　二〇一三年の民主主義――社会運動は政治にどう対抗したか〕

5章　社会運動とメディアの新たな関係――日本と台湾の選挙から
『Journalism』第二九七号、朝日新聞社、二〇一五年二月〔原題　3・11後の変革の兆しを励ましていく姿勢を取れるか、メディアは問われている〕

6章　「選挙独裁」とポピュリズムへの恐れ――二〇一四年総選挙の力学
『現代思想』二〇一五年二月
7章　二〇一五年七月一六日――「安保法制」は何をもたらしたか
『現代思想』二〇一五年一〇月臨時増刊「安保法案を問う」
8章　政治を取り戻す――「学生たちの社会運動」と民主主義
『人間と教育』八九号、二〇一六年三月
9章　「時代遅れ」のコンセンサス――トランプの勝利は何を意味するか
『現代思想』二〇一七年一月

第Ⅱ部

10章　「新しいアナキズム」と二〇一一年以後の社会運動
『社会文学』三九号、日本社会文学会、二〇一四年二月〔原題「新しいアナキズム」と3・11後の民衆運動〕
11章　共同意識と「神話」の再生――複合震災の残響
『現代思想』二〇一六年三月〔原題　共同意識と「神話」の再生――複合震災から五年〕
12章　非政治領域の政治学――結社・集団論の新たなる組成
『現代思想』二〇一四年七月〔原題　非政治領域の政治学――丸山眞男の結社・集団論の現在〕

著者　木下ちがや（きのした ちがや）

1971年徳島県生まれ，政治学者。一橋大学社会学研究科博士課程単位取得退学。博士（社会学）。現在，工学院大学非常勤講師，明治学院大学国際平和研究所研究員。2000年代からさまざまな社会運動に参加しデモのリーガル（法務）等を務める。『現代思想』ほか各誌に寄稿。著書に『国家と治安——アメリカ治安法制と自由の歴史』（青土社），『原発を止める人々』（小熊英二と共編著，文藝春秋），訳書にノーム・チョムスキー『チョムスキーの「アナキズム論」』（明石書店），ジョック・ヤング『後期近代の眩暈』（青土社），デヴィッド・グレーバー『デモクラシー・プロジェクト』（航思社），デヴィッド・ハーヴェイ『新自由主義』（作品社）ほか。

装幀　鈴木 衛（東京図鑑）

ポピュリズムと「民意」の政治学
——3・11以後の民主主義

2017年7月20日　第1刷発行

定価はカバーに表示してあります

著者　木下ちがや
発行者　中川 進

〒113-0033　東京都文京区本郷2-27-16

発行所　株式会社　大月書店

印刷　三晃印刷
製本　ブロケード

電話（代表）03-3813-4651　FAX03-3813-4656／振替 00130-7-16387
http://www.otsukishoten.co.jp/

ISBN978-4-272-21117-3　C0031 Printed in Japan

〈大国〉への執念　安倍政権と日本の危機
渡辺治・岡田知弘
後藤道夫・二宮厚美 著
四六判四〇〇頁
本体二四〇〇円

日米安保と戦争法に代わる選択肢
憲法を実現する平和の構想（新福祉国家構想5）
渡辺治・福祉
国家構想研究会 編
四六判四〇八頁
本体二三〇〇円

18歳からわかる
平和と安全保障のえらび方
梶原渉・城秀孝
布施祐仁・真嶋麻子 編
A5判二一六頁
本体一六〇〇円

〔増補版〕赤ペンチェック
自民党憲法改正草案
伊藤真 著
A5判一二八頁
本体一〇〇〇円

大月書店刊
価格税別